認知症が進まない話し方があった

困った行動が減り、
介護がラクになる!

日本老年精神医学会専門医
吉田勝明

青春出版社

はじめに――認知症を進ませないために最も大事なこと

認知症の方と暮らしているご家族からは、次のようなお話をよく聞きます。

「かわいがっていた孫を、『うるさい！』って寄せ付けなくなって」

「『うちに帰る！』ときかず、何度も家を飛び出すのでうんざり」

「『ご飯を食べさせてもらえない』と、ご近所に言いふらして困る」

こんな認知症の方に対し、「何やってんの！」「いい加減にしろ！」「どうしてそんなふうになっちゃったの」と、思わず怒鳴ってしまうご家族も少なくありません。

イライラしたり、悲しくなったり、やりきれなくなったり……。ご家族のつらい気持ちから出る言葉とはいえ、これらの声かけはすべて、相手を全否定するものです。

普通、こんなひどい言葉を家族間で交わすことはないでしょう。なのに、「もう何もわからないんでしょ」と、ため息をつきつつ、いら立ちや不満、やるせない思いを、認知症の方にぶつけてしまうことは、残念ながらよくあります。

　そして悲しいことに、**そんな話しかけ方や負の言葉のパワーが、認知症をさらに悪化させてしまい、介護をより難しくしてしまうのです**。


　認知症の方が起こす「困った行動」は、すべて脳の機能低下に起因します。決して個人として、意図的に意地悪しているのではありません。


　認知症になると、「感情失禁」と呼ばれる感情の大爆発が起きやすくなります。だから、以前は甲高い子どもの声を「うるさいけれど元気な証拠」と許容していたけれど許せなくなる。

場所・時・人物がわからなくなる「見当識《けんとうしき》障害」によって、自分の家なのに人の家のように思ってしまう。

　家人に迷惑をかけている負い目からプライドが傷つき、自分を被害者にして家人を悪者にするために、あることないことを吹聴することがある……。

実は冒頭でお伝えした行動の裏にはこんな理由があったのです。**表には見えない脳内でさまざまな障害が発生し、障害に誘導されて「困った行動」が引き起こされている――。**

これが、認知症の方が起こす「困った行動」の本質です。

表の行動だけ見て認知症の方を叱責しても、症状は改善しません。

脳内の障害へアプローチできてはじめて、症状の悪化を最小限にできます。

その**アプローチ方法として、私が最も大切だと感じているのが、「話し方」です。**ただし、**なんでも話せばよいのではなく、「話し方には押さえるべきポイント」があると考えています。**

認知症の方は覚えられないことや、わからないことが増えていっても、喜怒哀楽など大きな感情の動き「情動」は、最後まで維持しているといわれます。

頭ごなしに否定したり、叱りつけたりすることは、「怒」「哀」に強く訴えかけます。この負の情動により、認知症の方はよりかたくなになって、介護者とうまくコミュニケーションがとれなくなることが多いのです。その結果、会話や外出が減り、脳へのよい刺激が減ってしまい、認知症が加速度的に進むことは少なくありません。

逆に「喜」「楽」をキャッチすると気持ちが高揚し、幸福感を得られるのは、認知症の方も同じこと。会話で「幸せ」を感じることが増えれば、介護者をはじめとする「他者との交流」にも積極的になれるでしょう。会話や他者との関わりから得られる脳への刺激には、認知機能（記憶する、判断するなどの能力）の低下を抑制する効果があります。

さらに「楽しい！」などのよい情動を経験することで、認知機能が向上することは、医学的にも注目されているのです。

認知症の知識を持ち、困った行動は障害によるものと冷静にとらえ、的確な言葉で話しかけることが、認知症の進行を遅らせるためにどれほど効果的か――。**実は、認知症をケアする医療機関や介護現場のスタッフの多くは、この事**

実を学び、訓練し、認知症の方と接しています。

私はこれまで約30年にわたって、高齢者病棟で働き、何名もの認知症の方とそのご家族に向き合ってきました。

そこでも、**家族が「話し方・接し方のコツを知り、適切なコミュニケーションを心がけることで、認知症の方の症状の進行度合いが変わる」ということが、何度も起きたのです。**

本書には、その話し方のノウハウ・テクニックを一冊にまとめました。どんな言葉を選ぶとよいか、さらに具体的なシーン別に50例にも及ぶ話しかけ方のヒントもご紹介しています。

介護者のなすべきことは「おしゃべり」ですから、どなたでも今すぐできます。費用もかからず、医学的に効力が認められているうえ、実際に症状が緩和した認知症の方も数知れず……とくれば、強くおすすめしたくなるのも当然です。

人は誰にでも、最期のときまで人としての尊厳を保ち、人生を謳歌する権利があります。認知症の方はもちろんのこと、介護者の方にも思う存分人生を謳歌していただきたいと、私は思っています。

本書の話し方を実践していただくと、認知症の方の困った行動が減って介護がラクになり、介護をされる方にも笑顔が増えるはずです。

認知症の方を含むご家族全員が幸せな時間を過ごせるように、本書をご活用いただけたら、これ以上の幸せはありません。

吉田勝明

『認知症が進まない話し方があった』目次

第2章 認知症の進行を防ぐカギは「話し方」にある

第3章 「認知機能を上げる話し方」50のヒント

第4章 介護が「100倍ラクになる」気持ちの持ち方教えます

第1章

30年の臨床経験でわかった「認知症の人の頭の中、心の中」

そもそも認知症って何だろう？

●認知症にまつわる〝誤解〟が、介護者を追い詰める

皆さんは、『アリスのままで』という映画をご存じでしょうか？

認知症の一種である若年性アルツハイマー病と診断されたアリスは、嘆き悲しみます。「いっそがんだったらまだよかった。こんな恥ずかしい思いをしないでいられるから」と。

認知症になってしまうと、人生おしまい。記憶がなくなって人格崩壊し、会話し心を通わせるなど、人らしいコミュニケーションをとるのは難しい……。そう思い込んでいる人は、いまだに少なくありません。前述のアリスも同様です。

この誤解のせいで、認知症の方はもちろん、介護する方までどんなに追い込まれていることか！

認知症の方を介護するには、まず「認知症を正しく理解する」ことから始めましょう。「正しく知ること」は、介護に日々向き合うあなたの気持ちや暮らしをラクにすることにも、きっとつながります。

知っていますか？ 認知症と物忘れの大きな違い

認知症とは、脳細胞の減少や血管の詰まりなど、さまざまな原因によって認知機能の低下が起き、日常生活に支障が出ている状態を指します。現在、80代前半の方の4人に1人、85歳を越えると約半数が患っているとされる、非常にポピュラーなものです。

人は年をとれば大脳の機能が低下し、記憶力が衰えてきます。これが、いわゆる「物忘れ」。「最近よく物忘れするなあ、まさか認知症？」と心配なさる方が多いのですが、**物忘れを自覚できるということは、認知症ではない証の一つ**

です。

そのほか、「この間の運動会、（孫の）○○ちゃんのかけっこは1等賞だったっけ?」など、孫の運動会という出来事は覚えているものの、かけっこの順位など、記憶の一部が欠落するのが物忘れです。

「やだ、おばあちゃん、ゴール直前で転んじゃったじゃない」とヒントを出さ
れれば、「そうだ、3等だった」と思い出せます。

また、日付、曜日、年次を間違えることもありますが、日常生活に支障が出るほどではありません。

●認知症には、積極的な「治療」が必要です

しかし、認知症の方の場合はもっと深刻です。

- **自分が物忘れしていることを自覚できない**
- **出来事の記憶が丸ごとなくなっている**

・ヒントを出しても全く思い出せない

さらには

・時間（季節・年次・日付）がわからない↓季節に合った衣服を選べない、外出の準備ができない、遅刻する。

・場所がわからない↓外出先から家に帰れない、自宅のトイレの場所がわからない、入院しても病院にいることがわからない。

・人がわからない↓孫を自分の子どもと誤認する、友人を認識できない、家族を家族とわからない。

など、**「見当識障害」と呼ばれる症状が現れ、生活に支障をきたしてしまい、治療が必要な状態です。**

混同されがちな認知症と物忘れ。次のページに「覚えていないことの違い」を、簡単にまとめてみたので参考にしてください。

認知症と物忘れ「覚えていないことの比較」

認知症と物忘れ、それぞれ何を覚えていないのかを簡単にまとめました。
覚えていないときの特徴も一緒に記載しています。

	認知症	物忘れ
食事	食事をしたこと自体	食事のメニュー
用事	用事があったこと自体 ※別の用事があったと思い込むことも。 ※頻繁に忘れる。	用事を忘れた自覚がある ※思い出そうと試みる。 ※忘れる頻度は多くない。
人の名前	家族や身近な人の名前も忘れる 名乗られても、それが誰か認知できない	知人や芸能人の名前、あまり会わない孫などの名前 ※思い出そうと努力する。 ※ヒントをもらえば思い出す。
場所	いつも買い物に行くスーパーや病院、自宅のトイレや自室の場所など ※よく行く場所を忘れる。 ※今いる場所がわからない。	財布をしまった場所、老眼鏡を置いた場所など ※場所を忘れた自覚があり、思い出そうと努力し、ヒントをもらうと思い出せることもある。

認知症の型で介護の「コツ」が違った！

「認知症といえば、アルツハイマー」と思われている方も少なくありませんが、**認知症は「認知機能に変化が生じたもの」と広義の意味があります**。

ちなみに、**認知機能とは、記憶・言語・計算・判断などの知的な能力のこと**。そのため認知症は細かく分けると、１００種にもなるのです。アルツハイマー型認知症は、その一種であり代表的なもので、認知症と診断された方の、実に70％近くが含まれます。

次に多いのが、「脳血管性認知症」で20％ほど。「レビー小体型認知症」が約４％、「前頭側頭型認知症」は約１％。そのほかの認知症が、全体の５％ほどを占めています。

次から、この４つの認知症の特徴と、典型的な症例、介護のコツをご紹介します。知ることで「これは認知症がさせていること」と、何か起きても冷静になれ、介護中の気持ちが少しラクになるはずです。

認知症の主な4種類とその特徴

認知症の中でも代表的なものを4つ紹介します。

1 アルツハイマー型認知症

認知症の方のうち、約7割を占める。
糖尿病・高血圧の方がなりやすいというデータもある。

典型的な症状「記憶障害（出来事などの記憶が抜け落ちてしまう障害）」は、初期から見られる。24ページで紹介したとおり、加齢による物忘れとは異なるので、早めの見極めを。

【原因】脳にたんぱく質・アミロイドβ《ベータ》がたまり、神経細胞を阻害。広範囲で脳が萎縮して、認知機能に障害が現れます。

【特に影響を受ける部位】記憶を司《つかさど》る「海馬」、空間の把握や物の位置を判断する「頭頂葉」など。

【進行】いつの間にか始まり、ゆっくりですが、確実に進行します。

【典型的な症状】記憶障害、徘徊《はいかい》、嗅覚の低下、作話など。

最初は単なる物忘れやうっかりミスと思われますが、じわじわと進行。**嗅覚の衰えで異臭に気づかず腐ったものや、便など食べてはいけないものを食べてしまい（異食）、下痢や嘔吐《おうと》をすることもあるので注意が必要です****（⬇異食への声かけ法は200ページ参照）**。

また、自分が忘れてしまったこと、何か失敗したことをごまかすために、事実と異なることを創作（作話）することもあります**（⬇作話への声かけ法は164ページ参照）**。

2 脳血管性認知症

脳血管の詰まりが原因。脳血管障害に気づき、早期に治療できれば進行を抑えることもできる。

感情のコントロールがしにくくなり、悲しみや怒りに支配されやすくなることも。うつうつとする方も多い。

【原因】脳梗塞《のうこうそく》や脳出血など、脳血管が詰まって血液が行き届かなくなり、脳の一部が壊死《えし》。認知機能が侵《おか》されます。

【特に影響を受ける部位】血管が詰まって血流が悪くなった部位（梗塞巣《こうそくそう》）によってさまざま。

【進行】いつ発症したか明確で進行が止まる段階があり、階段状に進行します。

【典型的な症状】感情失禁、遂行機能障害、注意障害など。

脳血管性認知症の場合、詰まっている血流によって症状が変わりますが、多くの場合、感情失禁が見られます。うつうつとしたり（**➡うつうつとしている方への声かけ法は１５４ページ参照**）、逆に急に怒りだすことも（**➡暴力的な行動をする方への声かけ法は１６８ページ参照**）。

また、記憶力は低下したものの読解力は問題なしなど、症状がまちまちな「まだら認知症」も。**できることまで取り上げないよう、できないことのみサポートを**。さらにメタボリック症候群（高血圧・高脂血症など）を併発しているケースもあり、**食事の改善や適度な運動など体調管理も重要です**。

3 レビー小体型認知症

認知症の方が、恐怖を感じるほどのリアルな幻視があるのが特徴。手足の筋肉も硬直しやすくなり、転倒も増える。

幻視で見えるものは人によって異なるが、特徴的なのは「虫や小動物がいる」というもの。

【原因】レビー小体というたんぱく質が、脳に蓄積されることが原因です。

【特に影響を受ける部位】記憶を司る「海馬」、視覚情報を処理する「後頭葉」など。

【進行】ほかの認知症よりも、進行が早いのが特徴です。

【典型的な症状】幻視、運動機能の低下（パーキンソン症状）、うつなど。

幻視とは、存在しないものが見える症状で、家の中に知らない人がいる、足に虫が這《は》っているなどと恐怖を訴えます。**レビー小体型認知症の方にとっては「実際に見えて存在しているもの」なので、否定したり笑ったりするのはやめましょう****（➡幻視への声かけ法は196ページ参照）**。

パーキンソン症状では、パーキンソン病と同じように、動きが遅くなる、小刻みに歩く、前かがみになる、震えるなど異変が現れます。転倒しやすくなるので、歩行の介助が必要になることも多いでしょう。

同時に、落ち着かなくてソワソワする、集中できない、うつうつとするなど、精神的に不安定な状態が目立ちます。

4 前頭側頭型認知症

認知症全体の1％程度。一見「年をとって性格が変わった」ようにも見えるため、発見が難しいという一面も。

性格の変化はさまざまだが、おだやかな性格だった人が、突然怒りっぽくなるなどは特徴的。

【原因】ピック球と呼ばれる脳の神経細胞の塊が蓄積し、「前頭葉」や「側頭葉」が萎縮することで発症します。

【特に影響を受ける部位】社会性や言語をコントロールする前頭葉、記憶・聴覚・言語・嗅覚を司る側頭葉など。

【進行】ほかの認知症よりも、進行が遅いのが特徴です。

【典型的な症状】反社会的行動、オウム返し、音への反応が過敏になることも。

高齢者だけでなく、50～60代にも発症者が見られる認知症。難病指定されています。おとなしい性格だった人が突然粗暴になったり、万引きやあおり運転など反社会的な行動を始めるようになったり……。「まるで人が変わったよう」とよく言われるのがこのタイプ**（⬇万引きをしようとする方への声かけ法は186ページ参照）**。

同じ言葉や行為を繰り返す「常同行動」といった症状も見られます。甘いものなど、同じ食べ物を毎日食べることから、生活習慣病になることも。**「よく食べるから」と買いだめすることなく、「食べてよい量以外は隠す」など、介護する側の工夫が必要です。**

認知症と間違われやすい「老人性うつ」とは？

「うちのおじいちゃん、おばあちゃんが亡くなってからすっかり落ち込んで。午前中はいつも寝込んでいるの」

こんなケースは、**「仮性認知症」ともいわれる「老人性うつ」かもしれません。**

老人性うつは認知症と間違われることが多いのですが、最近の出来事を覚えられない認知症と異なり、最近の記憶も昔の記憶も基本的には差がなく認知されているのが特徴です。

また、認知症は「○○のせいでこうなった！」と他者を非難しがちですが、老人性うつは「自分のせいだ」と自らを責める傾向が。その結果、自殺という最悪の結果を招くケースもあとを絶ちません。

全自殺者のうち、約4割は高齢者です。さらに、高齢の自殺者の多くは家族と同居しており、独居老人は全体の5％以下。家族の中で一人孤独をかみしめ、誰にも気づかれずうつ症状を悪化させていることもあるのです。

なぜ「簡単なこと」ができなくなってしまうのか

●認知症によって「できなくなる・考えられなくなる」こと

認知症は、何らかの原因で脳細胞が減少または萎縮して、認知機能の低下が起きることを指します。そのとき脳がダメージを負って、直接的に起こる障害を「中核症状」というのです。

ここからは代表的な中核症状を1つずつ紹介します。**認知症になるとどんな障害が起き、何ができなくなるのかを知ることで、適切な介助や話し方のヒントが得られるでしょう。**

中核症状1 記憶障害

記憶が抜け落ちる、簡単なことが覚えられなくなるなど。覚えること自体ができなくなり、症状が進行すると、覚えていたことも忘れてしまいます。**特に忘れやすいのは、物の名前や名詞などの「意味記憶」**。あれ・これなど代名詞で呼ぶことが増えていきます。

逆に忘れにくいのは、自転車の運転や家事、水泳や編み物のように、体が覚えている「手続き記憶」。認知症の方のやる気を引き出したいときは、「手続き記憶」で覚えている趣味の手仕事や、家事の作業をお願いするとよいでしょう。

中核症状2 見当識障害

自分を取り巻く環境に対する認識が乱れる障害で、**「いつ・どこ・誰」の把握が困難**になります。

いつ……季節・年次、月、曜日などがあやふやに。

どこ……場所の認識ができなくなって、よく散歩する道がわからなくなったり、家の中でトイレにたどりつけなくなる方も。

誰……自分と他者との関係性がはっきりしません。症状が進むと、同居している家族の判別ができなくなります。

見当識障害の状態は、簡単な質問をするテスト（長谷川式認知症スケール）でチェックできるので、介護者の方、そして認知症の方が負担にならない程度で、家庭でも定期的に行ってみてください（⬇41ページ参照）。

中核症状3　判断力の障害

物事の理解や判断に時間がかかる、正しい判断ができなくなる、複数のことが重なるとうまく処理できない……など。

判断能力が低下すると、料理上手だったのに簡単な料理もできなくなる、万引きなどの反社会的行動をする、話の途中で突然離席することもあります。

中核症状4　失語

言葉を聞く・文字を読む能力が低下。言いたいことをうまく言葉にできなくなる、会話が途切れるなど、言語にまつわる機能が低下します。

介護する方は長々と話さず要点を絞り、ジェスチャーを交えながら話すのがコツです。また、認知症の方に話しかけられたら、どんなにたどたどしくてもしっかり「傾聴」し、話を遮らないように心がけましょう。

中核症状5 失認《しつにん》

五感（視覚、聴覚、触覚、味覚、嗅覚）のすべての認識が低下。すぐ隣にいる人が話しかけているのに気づかないことがあるのは、失認によるものかもしれません。老人性難聴ならば、補聴器などで「聞こえ」を改善できます。しかし失認の場合は、音をキャッチする器官に問題がなくても、そこから脳に情報が伝わりにくくなっているので、補聴器で治るものではありません。

話しかけと同時に軽く肩に触れるなど、認知症の方が声かけに気づきやすくなる工夫が必要です。

中核症状6 失行

これまでは日常的にできていた動作……靴を履く、入浴する、箸を使うなどができなくなる症状です。「どう動けばいい？」「どう使えばいい？」とわからなくなることで、行動が制限されて、引きこもりの原因にもなります。

使い方の手順を大きく書いて、目立つところに置く。箸をフォークにするなど、道具をできるだけ扱いが簡単なものに替えるなど、「できないこと」を増やさないよう、上手にサポートしてください。

進行度合い別・介護のポイントを知っておこう

認知症は進行を「遅らせる」ことが可能ですが、残念ながら少しずつ進行していきます。

その進行度合いは、**発症期・初期・中期・末期の４段階に区分され、認知症の方には身体能力・認知機能の低下だけでなく、心にも変化が現れます。**

発症から末期まで、家族や親しい人による働きかけがとても大切です。

事前に症状の変化や、段階ごとの認知症の方の心情を理解し、介護者サイドも心の準備や、サポート体制を充実させておきたいものです。

発症期・初期・中期・末期の 心の動きと介護のポイント

発症期から初期、中期、末期までの症状の特徴、ご本人の心の動き、それに応じたサポートのポイントをまとめました。

	典型的な症状	認知症の方の心	サポートや介護のポイント
発症期	記憶力・集中力の低下。 仕事や家事にミスが目立つ。	普通にできていたことができなくなり不安に。自信を喪失して消極的になる。	自信がなくなったからと、何もしないでいると症状は悪化するばかり。趣味や家事など積極的に取り組めるようサポートを。
初期	話が通じにくくなる。不安げでうつうつとしている。 最近の事柄が記憶できなくなる（短期記憶障害）。 仕事は続けられない場合が多い。	不安な気持ちがピークになり、気持ちの抑えがきかず、感情の起伏が大きくなる。 できないことが増えていくことを自覚。	しっかり話を聞く、やさしく手を握るなど、安心感を与える働きかけを。 「外出よりも家族と家で過ごしたい」など、本人の希望を尊重することで、症状が落ち着くケースもある。
中期	妄想・徘徊など異常行動が目立つ。 失禁など日常生活での失敗も増えるため、自立した生活は困難に。	病気の進行や、失敗したことへの不安が大きくなる。 不安からパニックを起こすこともある。	異常行動がなぜ起きているのか、否定的にならず原因を取り除く努力ができればベストだが、無理は禁物。 介護者自らの息抜き時間もしっかり確保して「ゆとり」を大切に。
末期	記憶障害が進み、覚えていられることはわずかに。 寝たきりの状態になる方も。 ※感情に関する記憶は残っているとされる。	活気がなくなる結果、感情が麻痺してしまい、不安や怒りが落ち着くように見えることも。 ただし「不快」の感覚には敏感。	家庭内介護は難しくなるため、専門の施設への入所が必要なことも多い。 入所しても、できるだけ頻繁に顔を見せに行き、安心させてあげることが大切。

今、何期……？「長谷川式認知症スケール」で現状チェック

「長谷川式認知症スケール」は、家庭でも行うことができる認知症の機能検査です。精神科医の長谷川和夫先生によって開発されたテストで、１９７４年の開発から現在に至るまで、幅広く活用されています。

用意するものは、テスト結果を記す紙や鉛筆に加え、品物５つ。品物は、時計・鍵・コップ・本・ペンなど、それぞれ関連性のないものを選びましょう。テストは30点満点。「以前答えられたものができなくなった」など、認知症の中でも見当識障害、記憶障害などの進行具合を確認できます。ぜひ定期的に行ってください。

ただ、テストを行う際には「やりますよ！」「やらなくちゃダメ！」などと強制的にならないことが大切です。「今日は楽しいゲームをしましょう」「わ！すごい正解です！」など、明るいムードづくりを心がけてください。

長谷川式認知症スケール

認知症の方、疑いがある方に以下の1～9までの質問をします。すべての答えから導き出される点数の合計点で、認知症の進行度合いを確認します。

質問	配点
❶ 歳はいくつですか？	**2年までの誤差は正解** 正解……………… 1点 不正解………… 0点
❷ 今日は何年の何月何日ですか？ 何曜日ですか？	**年・月・日・曜日が正解でそれぞれ1点ずつ** 不正解　正解 年………… 0点　1点 月………… 0点　1点 日………… 0点　1点 曜日……… 0点　1点
❸ 私たちが今いるところはどこですか？ （答えがないときは5秒後にヒントを与える） ヒント／「家ですか？ 病院ですか？ 施設ですか？」の中から選択	自発的に答えられた …………………… 2点 ヒントを与えて正解した …………………… 1点 不正解………… 0点
❹ これから言う3つの言葉を言ってみてください。 あとの設問でまた聞きますのでよく覚えておいてください。 以下の系列のいずれか1つで行う 系列1　a：桜　b：猫　c：電車 系列2　a：梅　b：犬　c：自動車	**言葉ごとに1点** 3つ正解 ……… 3点 2つ正解 ……… 2点 1つ正解 ……… 1点 不正解………… 0点
❺ 100から7を順番に引いてください。 （Aに正解のときのみBも行う） A：100－7は？ B：それから7を引くと？	**A、B各1点** A：（答えは93）…1点 B：（答えは86）…1点 不正解………… 0点

質問	配点
6 **これから言う数字を逆から言ってください。**(Aに正解のときのみBも行う) A:6—8—2　B:3—5—2—9	**A、B各1点** 2－8－6………　1点 9－2－5－3 …　1点 不正解…………　0点
7 **先ほど覚えてもらった言葉**(問4の3つの言葉)**をもう一度言ってみてください。** (答えがでなかった言葉にはヒントを与える) ヒント／a:植物　b:動物　c:乗り物	自発的に答えられた ………………　各2点 ヒントを与えて正解した ………………　各1点 不正解…………　0点
8 **これから5つの品物を見せます。それを隠しますので何があったか言ってください。** 1つずつ名前を言いながら並べ覚えさせる。次に隠す。時計、くし、はさみ、タバコ、ペンなど必ず相互に無関係なものを使う。	**1つ正答するごとに1点** 5つ正解 ………　5点 4つ正解 ………　4点 3つ正解 ………　3点 2つ正解 ………　2点 1つ正解 ………　1点 不正解…………　0点
9 **知っている野菜の名前をできるだけ多く言ってください。** 答えた野菜の名前を記入する。途中で詰まり、約10秒待っても出ない場合にはそこで打ち切る。	**正答数ごとに下記点数** 正答数10個以上 …………………　5点 正答数9個 ……　4点 正答数8個 ……　3点 正答数7個 ……　2点 正答数6個 ……　1点 正答数0～5個…　0点
合計得点	点

30点満点で、19点以下のとき、認知症の可能性が高いと判断されています。また、認知症の重症度別の平均点は、非認知症:24.3点／軽度認知症:19.1点／ 中等度認知症:15.4点／ やや高度認知症:10.7点 ／高度認知症:4.0点です。

改訂長谷川式簡易知能評価スケール(HDS-R)の作成『老年精神医学会雑誌』を元に作成

認知症の人が心の中で感じていること

●皆、道に迷った旅行者のような不安を抱えている

想像してみてください。あなたは、たった一人で初めての海外旅行をしています。その国の言葉は一切わからず、地図もありません。それなのに、あなたは迷子になってしまいました。周りには知らない言葉を話す、見たこともない人ばかり。

「どうしたらいいんだ、これからどうなるんだろう？」

「ああ、情けない。一人じゃ何もできない」

「お願い、誰か私に気づいて！　話を聞いて！」

まさにこれが、認知症の方の思いです。

特に認知症の初期では、ご自身の異変を自覚している方も多いといわれています。今まではラクラクできていたことができなくなり、誰かの手助けが必要となった現実を、「情けない」と嘆くのも当然です。

不安や孤独感と共存するプライドを忘れないでください

認知症の方は、病人であると同時に一人の大人でもあります。サポートしてくれる家族に対して「迷惑をかけて申し訳ない」、そして「何か役に立ちたい」と思っているのです。

記憶障害や見当識障害など、さまざまな不具合を抱える認知症の方が、「役に立ちたい」と考えているというと不思議でしょうか？

認知症を発症しても、一個人としての尊厳やプライドは消えません。

一方的に面倒をかける存在ではなく、社会や他者のために貢献したいという、人として当たり前の思いがあるのです。

毎日接していると、余裕がなくなったり、疲れたりして難しいときもあると思うのですが、認知症の方に接するとき、尊厳やプライドの存在を、どうか忘れないでください。

●家族のことがわからなくなっても、「感情」は残ります

以前、約300人の認知症の入院患者さんにアンケートを実施しました。

「たまには院外にお出かけしてみたいですか？」と問うと、多くの方が、「はい、したいです」と答えました。

「自分の家に外泊したいですか？」の質問にも「はい」の答えの方が多数。ある方に、「どのくらいの外泊を希望されますか？」と聞くと「2、3日くらい」と答えられました。

「では、退院を希望されますか？」と続けて聞くと、「いいえ、叱られちゃうから……」とおっしゃったのです。

認知症の方には、上手にできないことがいろいろあります。

食事一つとっても、箸やスプーンがうまく使えなくなって食べこぼしたり、食べるときにクチャクチャ音をたてたり、お皿をひっくり返したり。

「2泊3日」ぐらいでしたら、家族から「よく帰ってきたね、おばあちゃん!」と歓迎され、「あらあら、大丈夫?」と快く面倒を見てもらえる期間と、ご自身でも思っていらっしゃるのですね。

ただ、さすがに3日を過ぎると、家族もため息交じりになって、「汚いからこぼさないでください」「食べるときは音をたてないで!」と、叱られてしまうと感じている方が多いようです。

本来は自分のタイミングで自由に行えるはずの排泄《はいせつ》でさえ、「おむつ替えが大変だから、おしっことうんちは一度にしてくださいよ!」と言われてしまうと、認知症の方の心が折れるのは当然です。

「心が折れる? 認知症の人は何もわからなくなっているのに?」

これは全くの誤解です。認知症の方も、介護者と同じです。**叱られると怖い、悲しい。できることならば、叱られるのは避けたい。**

認知機能が低下したからといって、喜怒哀楽の感情までなくなるわけではありません。ですから先ほどのエピソードのように、いくら家が恋しくても、退院ではなく2泊3日という期間限定の帰宅を望むのでしょう。

すべての人間は、人としての尊厳を保ち、心豊かな人生を送れるように、**「QOL」、「Quality（クオリティ）of（オブ）Life（ライフ）」、つまり「生活の質」を向上させることが重要です**。

日々の介護に明け暮れていると、どうしてもつらいときが出てきて、忘れがちになってしまうこともあるでしょう。ただ、認知症の方であれ介護者であれ、QOLの向上は人として同等の願いであることを、心に留めておいていただけたら……と、思っています。

怒りだす、徘徊する……困った行動が止められない理由

●企みや悪意はもちろん「自覚」もないのが、認知症

「認知症の人も、感情は欠落しているわけではないことはわかった。しかし、非常識な行動を起こされるとやさしくなどできない！」

介護者も認知症の方と同じく人間ですから、困ったことばかり起こされれば怒りがわき、叱りつけたくなるのも当然です。

どうか、イライラしたり、「もう嫌だ！」と思う自分を責めたりしないでくださいね。

ただ、それでもお伝えしたいのは、認知症の方の困った行動には、なんの企《たくら》みも悪意もないということです。

話が通じないのも、こちらを困らせる行動も、その人が意図的にやっているわけではなく、認知症の中の一つの症状なのです。

行為を受け止める側としては、「そんなことして、どういうつもり？」と言いたくなるでしょうが、「どんなつもりもない」のです。**認知症の段階にもよりますが、基本的に問題となる行動を起こしたという自覚すらないと思ってください**。なぜなら、その自覚のなさこそが、さまざまな感覚や理性を司る脳の部位を侵されてしまう、認知症の本質なのです。

認知症の行動・心理症状（BPSD）は「周辺症状」とも呼び、36ページから解説した中核症状がもととなって現れます。ただし、認知症の方のもともとの性格や現在の心理状態、環境によって出方はさまざま。

「あっちのおじいちゃんはおとなしいのに、なんでうちの父は！」などと、ほかの方と比較しないことも大切です。

「やめて！」と言っても、関係性は悪化するだけ

たとえば、認知症の症状の一つに、勝手に出かけてしまい、その挙句に行方不明になってしまう危険性もある「徘徊」というものがあります。介護をする方にとって、精神的にも体力的にもつらい症状ですね。

「外に出ちゃダメだって言っているのに！」「どこに行くの！　ここがあなたの家なのに！」と、いくら説得してもらちがあきません。

しかし、徘徊を繰り返す認知症の方には、その方なりの理由があるのです。よくあるのは、**記憶障害および見当識障害のため「今」ではなく「過去」に戻ってしまい、現在の住まいが人の家のように居心地悪く感じるケース**。

「人の家にずっといたくない」「自分の家に帰りたい」、だから「この家を出ねば！」となるわけです。ご本人にとってはまっとうな理由ですが、周囲からすると、徘徊という行動になってしまいます。

「財布盗ったでしょう！」と怒りだす「物盗《と》られ妄想」は認知症の初期に多く

見られますが、この時期は認知症が進行していく不安に苛《さいな》まれがちなとき。**「大事なものはなくさないようにしよう」と、財布をしまうまではよいものの、その後、記憶障害によって「いつ、どこに、何をしまったか」が、丸まる欠落してしまうのです**。

それでも認知症の方の中には、「大事なものをなくしたくない」という強い思いは残っているので、欠落した記憶を補完するために、「誰かが盗んだに違いない！」と結論付けるのです。

そして、その「誰か」は最も親しい人、甘えても大丈夫な人……つまり、いちばん面倒を見ている家人になってしまうことがほとんど。つらいですね。

このように、すべての困った行動は認知症がさせていること。

「違うでしょ」「やめてよ！」「反省して！」と叫んでも、これらの行動が少なくなることは期待できないうえ、関係性が悪化するだけなのです。

認知症が進む人と進まない人、どこが違うのか

無意識に「隠して」いませんか?

世間では、認知症に対する誤解や偏見がまだまだあり、「発症したら手の施しようがない」と思い込んでいる人も少なくありません。また、いったん困った行動を起こすようになったら、もうやめさせることは不可能。人が人でなくなる、とても他人には言えない恥ずかしいこと、そんな誤解が消えないのは残念です。

確かに認知症発症前の状態に戻すことは、現在の医学では難しいと言わざるを得ません。

しかし適切なケアによって認知症の進行を遅らせ、問題となるような行動を軽減させることはできると、私は思っています。

医師として30年以上認知症の方を診てきましたが、介護者の方のケアにより、認知症の方の行動がガラリと変わった例をいくつも知っているからです。

そのためにもまず、**何よりも大事なのは、認知症を決して隠さないこと。**「恥ずかしい」などと身をすくめる必要など、全くありません。

認知症は85歳以上の高齢者の約半数が発症する「とても身近なもの」です。家に閉じ込めず、買い物や散歩に連れ出し、ご近所の方と触れ合う機会をつくりましょう。

人と接し、会話を交わすことは、脳への何よりの刺激。認知症の進行を遅らせる効果があります。

隣近所の方にも、家に認知症の方がいることをちゃんと説明し、協力を求めておくと安心です。

「うちのおじいちゃん、やっぱり認知症だと診断されたんです。家でしっかり介護していきますが、万一、おじいちゃんが一人で歩いていたりしたら、すぐに私に言ってくださいね。お手数ですが、どうぞよろしくお願いいたします」

この一言で認知症の方への理解を促すだけでなく、介護者が目を離したすきに徘徊されたときのセーフティネットにもなります。

症状を進ませてしまう「思いやり」があった

認知症を悪化させないためには、「よかれと思ってやっている行動」を見直すことも重要です。よくあるのが、「認知症の人が本当はできること」まで、介護者がやってしまうこと。

認知症の方は認知機能の低下によって、料理や買い物、掃除などの家事や身支度など、これまで普通にやってきたことが、スムーズにできなくなります。

その様子を見て、「きっとできないだろうから」「なんだか、大変そうに見えたから」と、なんでも周りの人が代わりにやってしまうことが多いのですが、

これを続けると症状の進行は早くなります。

家事・身支度などは大したことではないように思えるかもしれませんが、やる機会が減れば、考えたり体を動かしたりするチャンスもそれだけ減ります。これが、脳や体の衰えにつながり、症状の進行を早くするのです。

本人にやらせるほうが手間や時間がかかったりして、介護者の方にとっては大変なときがあるのは重々承知していますが、スムーズにできなくても時間をかければできることは、できるだけ本人にやってもらいましょう。

できないところだけ、周りが補助するスタンスでいることが大切です。

認知機能の低下を防ぐために、大事なこと

最後に、これまで30年の臨床経験から「**認知症の悪化を防ぐために最も大事だと思われること**」がわかったので、そのお話をさせてください。

結論から言ってしまうと、**認知症を進ませないために大事なのは、「話し方」**

をはじめとする認知症の方への「コミュニケーションのとり方」です。

でもいったいなぜ、話し方が大事なの？　と思われた方も多いでしょう。順を追って説明していきましょう。

「子は親の鏡」と言いますが、認知症の方と介護者もまた「鏡」の関係にあります。

これまでお会いしてきたご家族でも、介護をされている方が明るい雰囲気を醸し楽しそうにお話しされていると、一緒にいる認知症の方もニコニコしていたり、穏やかな様子でいることがほとんどでした。

残念ながら反対に、介護者がピリピリしていたり、いかにもつらそうで口調がきつかったりすると、認知症の方もどんよりと暗い雰囲気をまとっていたり、暴言やリハビリ拒否などが多かったりと、あまりよい状態ではないケースが多かったのです。

認知症の方の症状や困った行動は、「認知症」のなせる業であり、介護者への個人的な悪意や社会への反発とは無関係です。

そのため、「ダメでしょ！」「迷惑なのがわからないの！」等々、高圧的な態度をとっても、それらの行動を改善する効果がないだけでなく、認知症の方と介護者の両者を追い詰めてしまうだけの悪循環に陥ります。

介護者も、反射的に叫んだことで後味が悪い思いをし、「なんでこんなことに」と暗澹《あんたん》たる気持ちに支配されてしまうかもしれません。

認知症の方のほうも、怒られて落ち込み、引きこもりになったり、気分が沈んで人との接触や能動的な行動が減ったりして、結果的に認知症の症状が悪化することもあります。**そんなことが続けば、介護の時間や手間も増大。介護者にとってもまた、負の連鎖が止まらなくなるのです**。これではお互いにつらいことばかりですね。

話し方・接し方を変えたら、悪化が止まった！

症状にもよりますが、認知症の方が意識的に話し方を変えることは難しいでしょう。でも、介護をする側が「話し方のコツ」や「ポイント」を押さえて話すことはできます。

もちろん進行の度合いにもよりますが、介護者が話し方を変えれば、認知症の方の行動は少しずつでも変わります。

そして、認知症の症状の進行も限りなくゆるやかにできるのです。**中には介護者が話し方・接し方を変えることで、悪化が止まったケースもあります。**こうなれば、介護も格段にラクになるでしょう。

話し方を変えることで得られる具体的な効果は、次章以降の項目で詳しくお伝えすることにして、その前に、ちょっと想像してみてください。

あなたは、人波であふれかえる大通りで、急に目が見えなくなりました。そのうえ声も出ないのです。耳は聞こえるものの歩くこともままならず、しゃがみ込んでしまいました。

不安で、怖くて、わんわん泣きたい気持ち。なのに、自分ができるのは、少しでも目が見えないかと、一生懸命目をこすることだけ……。

そこに2人の人物が現れました。

一人はやさしい声です。あなたの肩にそっと触れながら、「大丈夫ですか？目が痛いのですか？」。あなたは「この人なら私を助けてくれる！」と安心し、問いに答えるべく、声が出せなくても懸命にうなずいて、窮状を伝えようとするでしょう。

もう一人は、身もすくむような怒号。

「ちょっと！　こんなところにうずくまったら邪魔！　どっか行ってよ！」

その恐怖だけでなく、怒号の主を止めようともしない群衆の存在も感じて、冷たい孤独感も増すに違いありません。


お察しのように、「あなた」は認知症の方の状態を暗示しています。

認知症の方は目が悪くなくても、人の表情を読むのが苦手。何か声を発しない人間は、無関心に感じます。また、自分の窮状を言語化するのも上手ではありません。

こんなとき、やさしい声と、困り事をすくい上げる適切な声かけがあると、どれだけ心が落ち着くことでしょう。

心が少しでも落ち着けば、不安や恐れからむやみやたらに暴れたり、取り乱したりすることもなくなります。

これは、程度の差こそあれ、認知症の方も同じだといえます。

困っている状況から、介護者の適切な声かけによって救い出してもらうことで、不安に覆われていた心に落ち着きが戻り、その結果、少しずつかもしれませんが行動が変わるのです。

人としての尊厳を認めながら会話を交わし合うことで、認知症の進行はゆるやかになり、結果的には介護者の気持ちにもゆとりが生まれる。

四半世紀にわたり、認知症の方と介護者を見つめ続けてきた私は、そう確信しています。

認知症の方が喜び、介護者にもプラスになるリハビリ法――「回想法」

誰しもこれまで生きてきた長い歴史があります。その**歴史を思い起こすリハビリが「回想法」**です。

認知症の方は昔話をよくなさいますが、回想法はその昔話をたくさん引き出すことがポイントです。認知症の方にとっては「得意分野」であり、介護者にとっては介護のヒントがたくさん詰まった生活歴を収集できる、またとない機会にもなります。

●回想法の行い方

グループディスカッション形式もしくは、1対1で行います。認知症の方の青春時代に流行していた映画や音楽を流す、人気だった芸能人の画像を見せる、家族のアルバムを用意する、かつて飼っていたペットの写真を見せるなど、**思い出**

すきっかけになるものを準備しましょう。

また、話を聞く方はメモを用意。耳を傾け、集中してしっかり「傾聴」しながら、要所要所で記録を取ってください。

●回想法で収集する情報

仕事の話など、特にジャンルが固定されているわけではありません。

小学校の得意教科、高校時代の部活、配偶者とのなれそめ、仕事で苦労したこと、子育て中のエピソードなど、なんでもＯＫです。大きな事件である必要はなく、ほほえましいファミリーエピソードもぜひ収集しましょう。

●「自分史」をつくることを目標に

だらだらと思うに任せて話してもらうと、同じ話がループしがちです。「自分史をつくるから、まだお聞きしていない新婚時代の話を聞かせてもらえますか？」など、話を上手にふって、過去の記憶を振り返ること（＝脳への刺激になります）を、やんわりプッシュしましょう。

●回想法の利点

回想法によって過去を思い出すことは、脳に刺激を与え、認知症の悪化を遅らせる効果が見込めます。

また**介護者にとっても、困った行動の原因を探る糸口になったり、個人にフィットした介護方法を考えるヒントにもなります。**

自分史をつくるとなると、何カ月もかかる作業になりますが、お茶の時間などを利用して、のんびり昔話を語ってもらいましょう。

「へえ、そうなんですか。そのあと、どうなったんですか?」など、上手に相槌《あいづち》を打って、おしゃべりの花を咲かせてみてください。

第2章

認知症の進行を防ぐカギは「話し方」にある

「日々の会話」と「認知機能」の意外な関係

●できるだけ早い段階から「話し方」を変えよう

青春時代に付き合っていた彼氏・彼女は覚えているのに、現在の配偶者は覚えていない、思い出せない、存在を認識できない。なぜなら、若かりし頃に大脳皮質に刻まれた彼氏や彼女の記憶は残っていても、そのあとに配偶者と過ごした日々の記憶は、すっかり失われてしまったから……。

このように、「確かに存在していたはずなのに、大切なものがなくなっていく」のが認知症です。**いったん忘れてしまうと非可逆的、つまり、再び思い出す可能性はほぼありません。**

よって**認知症の治療・介護では、症状ができるだけ初期の段階のうちに、進行を遅くさせ、認知症の方が失うものを最小限にするよう、働きかけることが重要**となります。

「働きかけるといっても、医療の知識や看護のテクニックがない一般人に何ができるの？」

第1章でもお伝えしましたが、**今すぐできる「働きかけ」で、効果的なのが「認知症の方への話し方を変えること」です**。先ほどの繰り返しになりますが、初期の段階から介護者が話し方を変えられると、とてもよいと思います。

認知症になると「何もわからなくなる」「もう、何を話してもムダ」と思う方も少なくないのですが、**初期の段階では、まだ認知機能の多くが保たれています**。

この時期であれば、まだ会話も比較的スムーズにできますし、介護者からの声かけの効果も出やすいのです。また、認知症の治療や対策は、基本的に早期であればあるほど効果が出やすいともいわれています。これは話し方を変えるという点においても、例外ではありません。

〝話しかけ〟には、脳の機能低下を抑制する効果がある

できるだけ早い段階で話し方を変えるのが大事なのはわかった。でも、そもそもなんで「話し方を変えること」が認知機能を低下させないために大事なのか――。そう思われている方も多いでしょう。順を追って説明していきます。

認知症は、脳の機能低下により起こる症状です。ということは、脳の機能低下を抑制することが何よりも大事。そのためには、脳に適度な刺激を与えることに尽きます。

脳に刺激を与えるのに最適なのは、人と交流し、話すことです。

普段何気なくやっていますが、会話には、脳を刺激する要素がたくさんあり

ます。

まず、言葉という情報を脳内に入れて情報処理し、何を話すか考え、新たな言葉を発することで、**脳を幅広く使うことができる点**。これは脳にとって、大きな刺激になります。

認知症の方との会話では、意味が完全に通らないこともあるでしょう。ただ、それでも互いに言葉を発することで、脳をわずかながらでも刺激することはできます。

とはいえ、会話がずっと続かなければ、介護者も疲れてしまいますね。**認知症の方との会話には「続かせるコツ」があるので、それを介護者が知り、話し方を意識的に変えることが大切なのです**。

また、認知症になると言語機能が衰え、おしゃべり好きだったのにすっかり無口になったというケースもありますが、ご存じのように、人の体は、使わない部分の機能がどんどん劣化します。

無口になったまま放置すると、あっという間に言語機能が失われていくのです。今ある認知機能をこれ以上低下させないためにも、介護者からの積極的な声かけが欠かせません。

本書をお読みの方の中には「声かけや会話なら毎日しているけれど……？」と思っている方もいらっしゃるでしょう。

そうして毎日声かけをしている方にこそ、「認知機能に働きかける話し方」をぜひ知っていただきたいのです。

かける言葉を少し変えるだけで、コツをちょっとつかむだけで、日々の会話の時間を脳トレのような時間に変えることもできると、私は思っています。

会話から生まれた「行動」のこんなメリット

●適切な声かけが「やりたい」「行きたい」気持ちを促す

話すこと、会話することのよさは、ここまでお伝えしてきたことだけにとどまりません。会話がきっかけになり、そこから「行動が生まれる」こともあり、それが脳への大きな刺激になるのです。

・介護をする方の適切な声かけによって、認知症の方が趣味の裁縫に久しぶりに挑戦できた

・介護者と会話をする中で、出かけたい場所ができ、認知症の方の外出の機会

が増えた

このように、会話から生まれる新たな行動が、認知症の方の脳をより刺激することもあります。

介護者が話し方を変える→コミュニケーションがスムーズになる→認知症の方が行動を起こすきっかけができる……。

もちろん症状や進行の度合いによっては、ここまでうまくいかないこともあるでしょう。ただ、介護者が話し方を変えることにはこのようなメリットもあるのです。

ここまで会話の大切さをお伝えしてきました。

認知症の方との会話はジャンルを問わずできるだけ多くしていただきたいのですが、「できれば避けたほうがいい話し方」もあります。次の項目では、そんな「注意していただきたい話し方」についてお伝えしましょう。

「よかれと思った」話し方が認知症を悪化させる!?

●「お年寄りによい」とされる対応が正解とは限らない

「話し方なら、毎日介護している私のほうが、いい方法を知っています」

日々、介護に向き合っている方であれば、そのように思われるのも当然です。

ただ、病院にいらっしゃる認知症の方とそのご家族を見ていると、ときに**「よかれと思って」やっている行動が、症状を悪化させているようにも感じられます**。

ここでは、そんな〝やりがちだけれど、逆効果〟な話し方を紹介します。

NG よく聞こえるようにと大きな声で呼ぶ、話す

お年寄りは老化現象により、耳の聞こえが悪くなっていることが多いものです。「うちのおばあちゃん、耳が遠いから」と、おばあちゃんの背中に向かって、「おばあちゃん！」と甲高く呼びかけるのは避けましょう。

認知症の方に限らず、高齢者は一般に高い音が苦手なのです。

高い音は不快な音に感じられ、ガンガンと響くことが知られています。私のお会いした方の中には、かつては子ども好きだったのに、老人になって認知症を患ったとたん、子どもの声に「うるさい！」と怒鳴るようになったという方もいます。

一般に、低い声はともすると怖い印象で、とっつきにくく思われがち、そのうえ声の通りが悪くなるので、あえてトーンを高めにして話すのが、大人の気配りのようにいわれています。しかし、認知症のご老人に対しては別。声の高い女性は、一段階声を低くして話してみてください。

NG ちゃんと納得してもらえるよう、長々と説明する

認知症の方は、長文が苦手です。

たとえば「病院に着いたから、コロナ対策のために、入口で消毒スプレーをしましょうね」という声かけ。

この文章の中には、「病院に着いた」「コロナ対策」「入口」「消毒」など、複数のキーワードが入っています。**一度にたくさんの情報を聞いても、認知症の方は瞬時に理解できません。**

「さあ、消毒しましょうね」と言って、病院入口の消毒コーナーにゆっくり誘導するのが正解です。

理解ができなければ、その後の会話にも行動にもつながりません。いつもこれが続くと、お互いに話すことがおっくうになり、会話が途絶え、刺激されない脳の中で認知症が進行していってしまうでしょう。

NG 相手を尊重するからこそ、答えを預けるような質問をする

認知症の専門施設に入所しているおばあちゃんに、家族の方が問いかけます。

「だんだん寒くなってきたね。あったかい服を持ってこようか？ どれがいい？」

家族の細やかな愛情を感じる申し出ですが、認知症の方が「家にある、あったかい服」を思い出し、言葉に出して指示するのは困難なことが多いでしょう。

ここで適切だと言えるのは**「だんだん寒くなってきたね。お気に入りの半纏《はんてん》を持ってこようか？」**という伝え方。

この言い方であれば、「半纏を持ってくる」「半纏を持ってこない」という、イエスかノーで答えられます。

「せっかく何か持ってくるのなら、本人に選んでもらおう」「好みの服を着られれば、気が晴れるかも」など、認知症の方を尊重し、少しでも快適な環境を整えようとする気持ちは本当に素晴らしい！ しかし、認知症の方が答えられない質問をするよりも、答えられる質問で気持ちを吸い上げる工夫をするほう

が、よりスムーズにコミュニケーションがとれるはず。

「どうしよう、なんて言えばいいんだろう」と、認知症の方が困惑することもありません。困惑→会話ができない→脳への刺激が途絶える……では、認知症の進行を遅らせることもできません。

認知症の方と話すときは**「相手が話し続けられるように、話す」**。これが大切です。会話が楽しく続くことが大切なので初期の認知症で本人が話せそうであれば、冒頭のような質問をしてもかまいません。本人の状態に合わせた声かけを心がけましょう。

そのためにも、「うちのおばあちゃんはアルツハイマー型認知症の中期で、失語が進んでいる」など、認知症に対する知識、実際の認知症の方の症状の特徴などをしっかり把握しましょう。

認知機能を上げる「情動＋肯定」を生かした話し方

●「情動」には、困った行動を減らし、進行を遅らせる力がある！

ここまで、認知機能を上げるために介護者が話し方を変えることの大切さをお伝えしてきました。では、いったいどんな話し方に変えたらいいのでしょう。

認知機能を上げるための話し方で、欠かせないキーワードとなるのが、「情動」と「肯定」です。まずは、情動についてお話しさせてください。

情動……。あまり日常で使わない言葉ですね。

「認知症の方にも感情がある」とたびたびお話ししてきましたが、それこそが情動です。**情動とは感情のジャンルの一つで、一時的かつ急激な感情のことを指します**。

具体的にいうと、怒り、喜び、悲しみ、恐怖、不安などの激しい感情の動きです。英語では「エモーション(emotion)」、語源はラテン語の「揺り動かす」。まさに「心が一瞬で揺り動かされる」ことを指します。

認知症の方が記憶を失い、どこに自分がいるのかもわからず、靴の紐《ひも》を結べなくなっても、大きな声で叱られれば「怖い!」、やさしく手を握って「大丈夫ですよ」と声をかけられれば「うれしい」。情動は確かに存在し、すぐには消えずに残ります。

うれしい、楽しいなどのよい情動を体験することで、認知症の方の困った行動が少なくなり、症状の進行が抑制されることは、医学的にも注目され、研究が続いています。

「それはきれいごと。認知症の祖父が急に怒りだして暴れたら、『いい加減にして！』と怒鳴るしかないでしょ？」

その通りだと思います。介護者が怒鳴りたい気持ちは、ごもっともです。でも、そんな方にこそ、ゆとりを持って介護ができるようになるためにも、今一度、話しかけ方を見直していただきたいのです。

認知症の方がよい情動を体験できるような適切な話し方、接し方ができれば、困った行動が減る可能性が増え、ひいては介護者の方の心身の負担が減る糸口にもなります。

認知症の悪化を食い止めるだけでなく、お互いに、より〝ゆとり〟を持ったためにも、認知症の方が「うれしい」「楽しい」と少しでも感じられる話し方をすることが大切なのです。

●話したくなる関係は「肯定」から生まれる

認知症の方と話すときに、もう一つ、大事なキーワードになるのが「肯定」

です。いったいどういうことでしょうか。

記憶の一部が抜けてしまったり、ほかの人には見えないものが見える（幻視）のが認知症です。そのため、先ほど食べた朝食を食べていないと言い、知らない人が来たから怖いとおびえます。

「朝食は30分前に食べたよ！」

「誰もいないよ、ほんとにしょうがないね」

そうやって現実との相違を指摘することは簡単です。

しかし、**認知症の方にとっては、記憶がないのですから、実際に朝食は胃の中に納まっていたとしても、「朝食は食べていない」のです。**

脳の機能障害によって、ほかの人の目には映らない不審者が、目の前にいるから怖くてたまりません。**否定されれば、「この人は私の話をまともに聞いてくれない」「私の苦しみをわかってくれない！」「ちっとも私を助けてくれない！」……どんどん介護者への不信感が募ります。**

それがいら立ちとなって粗暴な行為や暴言に及んだり、逆に無気力となって引きこもりがちになったりと、何一つよいことはありません。

また、否定されることによってコミュニケーションに「絶望感を抱く」方もいらっしゃいます。

「いろんなことがわからなくなっている認知症の人が絶望感を感じるの？」と思う方もいるかもしれませんね。繰り返しになりますが、認知症の方の中にはしっかりと感情が残っています。

会話の中で絶望感を感じることが多くなると、コミュニケーション自体を避けるようになります。この結果、他者との会話や行動が少なくなり、それが認知機能の衰えに拍車をかけることもあるのです。

認知症の方に限らず、否定されずに「その通りですね」「確かに！」と肯定されれば安心し、ほっと胸をなでおろします。そして、肯定してくれた人に親しみを感じ、信頼を寄せるでしょう。

介護される方とする方の間に信頼関係なくして、よい介護はできません。そして、信頼関係がなければ、会話も関わりも徐々に最小限になり、刺激されない認知機能も、どんどん衰えていくでしょう。

会話の中で相手（認知症の方）を肯定することは、認知症の方と介護者を結ぶ、大事な絆になるだけでなく、認知症の方が「話したくなる」環境をつくるためのベースなのです。会話という脳への刺激が、認知機能の改善につながるということを、今一度思い出していただけたらと思います。

「情動＋肯定の話し方」を実現する方法

●「そんなの無理！」と思ったときにやってほしいこと

認知症の方と話すときには、「情動」と「肯定」が大切――。

とはいえ、日々、認知症の方に向き合っている方からすれば、話が通じないことにイライラしたり、何度も同じ話ばかりされたりして、会話自体が苦痛になることもあるでしょう。

それは当然のことだと思います。しかし、そこで生まれたイライラを認知症の方にそのままぶつけてしまえば、事態は悪化するだけです。

そこでここからは、「よい情動に訴えかけ、認知症の方を肯定する話し方」

を実現するために大事なことを3つお伝えします。

認知症の方との会話の中でいら立ちを感じたときや、あまりに困った行動にやさしい言葉をかけられない気持ちになったとき、ぜひここに書いてあることを思い出してください。

❶ 相手の感情に巻き込まれない

認知症の方の中には、突然怒りだしたり、思いがけないことを言いだしたり、急に話が変わってしまう方が、多くいます。

「一生懸命話しているのになぜ？」「何か誤解させるようなことを言った？」「私が何をしたっていうんだ！」

さまざまな感情が介護者の心の中に渦巻くのは当然です。それでも、心を静めて冷静さを取り戻してください。**「悪意や企みがあるわけではないんだ。すべては症状の一つなんだ」と**。

ご存じのように、熱湯がかかってやけどを負ってしまったら、何はさておき患部を冷やすのが鉄則です。服の上から熱湯を浴びたとしても、慌てて服を無理やり脱いだらいけません。皮膚がはがれて致命的なダメージを負うので、まずは服の上から水をかけるなどするのが正解。ともかく冷やすのです。

認知症の方への対応も全く同じ。

こちらの場合は、冷やすべきは介護者の気持ちです。

「こんなに面倒を見てあげているのに、大嫌いってどういうこと！」

お怒りはごもっともです。それでも、**「認知症が言わせている暴言なんだから、まともに取り合ってはダメ」「5分もしたら気持ちも変わるだろうから、上手に受け流そう」**と、燃え上がった感情に理性の水をかけて、平常心を保ってください。

かっとなって感情に流され、「何言ってるの！」と受けて立っても、不毛な口ゲンカになるだけであり、いくらケンカしても、あなたには苦い思いが残るだけです。

認知症の方の心の中には、「あいつは怒ってばかりで嫌いだ！」と不信感が募り、いいことは何もありません。

❷ うまく「逃げる」ことも会話術の一つ

「心は常に落ち着けて」「感情に巻き込まれないで」などと言っても、なかなかの難題だということは、私もよくわかっています。

「もうやだ、こんなかみ合わない会話、終わらせたい！」「このままだと爆発しそう！」と追い詰められることだってあるでしょう。

認知症の方の幸せも大切ですが、介護者の幸せも同じくらい大切です。

そのうえ、介護者のひきつった表情から、認知症の方が新たな火種を発見して「何よその顔！」なんて、さらに状況が悪化する危険性も否めません。

ここは、先人の知恵に倣《なら》いましょう。三十六計逃げるに如かず……**その場から「前向きに逃走」してください**。

あくまでも前向きに考えて、というのがポイントです。「もうこんな暮らし嫌だ！」「おばあちゃんの世話は二度とごめん！」ではなく、今後も長く続くであろう介護生活をうまく続けていくための逃走、なのです。

認知症は、ほんの数分で直前の記憶をなくしてしまいます。よって、今進行している会話が止まり、しばらくするとその話は「なかったこと」になることも。このことを上手に利用しましょう。

コツは、認知症の方がひとしきりしゃべり、ふっと息継ぎし、間をとるときを狙うこと。決して話を途中で遮ってはいけません。反感を買って、話が終わりません。たとえば……

認知症の方「あんた！　私の大事な指輪を盗んだくせに、開き直る気!?」

……ここで一瞬、間が！

介護者「ごめん、トイレずっと我慢してた！　すぐに行ってくるから待ってて」

……部屋から急いで出る。

しばらくして部屋に戻ると、指輪盗難事件は消失。認知症の方の怒りは、どこ吹く風のはず。もともとそんな事件はなかったのですから、誰にとっても大団円です。

究極の逃走術「許される嘘」をうまく使ってもいいと思います。

「あら、この間、孫の○○ちゃんにあげたと思っていました！」

「……そうだったかしら」となれば嘘も方便、全く問題ありません。

❸「想像力」を存分に生かして会話しよう

かつて、私たちの病院の看護部長は、認知症の方が粗暴になるなど困った行動をとるときのことを、こう表現していました。

「頭の中で、毛糸が絡まっているんですよ」

認知症のご本人だって、すぐに編み物ができるようにきれいに毛糸を巻き取っておきたいのは山々。一刻も早く、このこんがらがった状態をなんとかしたい、でも自分ではなんともできない、嫌だ！　頭にくる！　イライラする！

それなのに、「何やってんの！」と無理に行動を制止すれば、絡まった毛糸の端を無理やり引っ張り、さらにほどけない状態をつくるだけで悪循環だと、看護部長は言うのです。

　こんがらがった毛糸は無理に引っ張るのではなく、「ここをほぐすといいかな？」「こっちからそっと引っ張るとよさそう」など、あっちこっちにやさしく手を入れているうちに、自然と絡まりがなくなっていきます。

同じように、困った行動を起こしている認知症の方の「頭の中のこんがらがった毛糸」をほどくには「何が原因なんだろう？」と想像し、原因を探ることです。

　勤務していた病院に、失禁して汚れた寝間着をベッドの下にため込んでいた方がいました。その方は、こっそり夜、寝間着を持って院内を歩き回ってもいたのです。これは失敗を隠蔽《いんぺい》したかったわけではなく、本当は自分で洗濯機に持って行き、洗いたかったのです。

　しかし、洗濯機の場所がわからない。あきらめて病室に戻って、「また洗濯機を探しに行こう」と、とりあえずベッドの下に汚れ物を置いていたのを発見された……。隠していたのは困らせたいからでなく、家族や周囲の人を気遣う、やさしい気持ちからだったのです。

このような行動に対して、「何やってんの！　こんなところに隠したら汚いでしょう！」と声を荒らげてしまうと、やさしい気持ちがしぼむのはもとより、なぜ怒られているのかすら、見当がつかないでしょう。ぜひ、認知症の方と接するときは、想像力を豊かにふくらませてみてください。

認知症の方は個人的な悪意で問題となる行動を起こしません。絡まった毛糸の先には、行動を起こした原因があります。その原因は、家族や周囲の方への気配りかもしれないのです。

そこに気づいて「会話」ができれば、認知症の方の脳に刺激を与えることができ、認知機能改善にもつながるはずです。

そして、そんなふうに想像することが、つらい・苦しいだけの介護から脱却するきっかけになるかもと、期待しています。

「姿勢」と「頻度」が会話をガラリと変える

●具体的なテクニックを押さえよう

話し方における大事なことを押さえたうえで、ここからは、もう少し具体的な話し方のテクニックに触れていきましょう。

まずご紹介するのは、話しかけるときの「基本的な姿勢」。次に「話しかける頻度」についてお話しします。

心構えだけしっかりしていても、実際に話すときの姿勢や頻度が的を射ていなければ、スムーズな会話はできません。一つずつ、見ていきましょう。

●認知症の方に「きちんと話が届く体勢」とは

認知症の方へ話しかけるときは、場所・話す内容などにかかわらず、できるだけ94ページの姿勢を心がけてください。

絶対に避けたいのは、後ろから突然声をかけて認知症の方を驚かせること。また、あまりに大きな声で話しかけると、内容にかかわらず、怒鳴られている・叱られていると誤解されることもあるので要注意です。表情は、やわらかな笑顔がベストです。

そして長々と話さず、要点を簡潔に。「そろそろ時間なので、テレビが終わったら、トイレに行きましょう」よりも、テレビが終わるタイミングで「一緒にトイレに行きましょう」だけを伝える。

もし聞き取りにくそうなら、耳元に近寄って、話し直してみましょう。

話し方の「基本姿勢」

どんなときも意識したい話し方の基本姿勢。
家でも、外出先でもできるだけこのかたちで話しかけましょう。

❶相手の前で、目線を合わせる

認知症の方から1.2〜1.4mの距離を取るのがベスト。目線を合わせるよう、中腰もしくは膝を折って調整。

❷ゆっくりと低い声で

高齢者にとって甲高い声は不快で聞き取りにくいもの。ワントーン低い声でゆっくりと話すのがコツ。

❸テレビやラジオは音を落として

話しかける声がクリアに聞こえるよう、ほかの音が極力響かない場所を選ぶ、または音量を落として。

❹間を大切に。相手の言葉は遮らない

会話の途中で、ご本人がしゃべりたそうだったら話は中断、待ちの態勢で。おしゃべりの途中で遮るのも×。

❺難しい言葉はやさしい言葉に置き換える

たとえばスマホは携帯電話、もしくは電話。特にカタカナ用語は古くから使い慣れた日常用語に変換を。

認知機能をさび付かせない「会話の頻度」

姿勢の次に押さえたいのが、話す頻度です。

認知症の方、または介護者の方の性格やライフスタイルもあるので、あくまで目安ですが、**私はできれば、1時間に1回は介護者から認知症の方に声かけをしてほしいと思っています。**

多いと思われたでしょうか。

ただ、声かけをするたびに毎回、長々と話す必要はありません。**お互いに一言ずつ話す程度でもいいので、これぐらいの頻度で話しかけてほしい**のです。

人の体は不思議なもので、使わない機能はあきらかに退化してしまいます。スポーツ大会で優勝した俊足のランナーも、骨折で一定期間走ることができないと、復帰後すぐには、優勝したときの大会記録をたたき出すことは難しい。

スプリンターのような、強靭な肉体の持ち主ばかりではありません。ごく普通の私たちも、今、持っている体の機能を知らず、日々鍛えています。ものを食べてのみ込むこと、立ち座り歩くこと、そして人と会話を交わすこと。人と話すことから遠ざかっていると、自分の言いたいことを言う力が低くなり、人と会話のキャッチボールをするための脳の機能もさび付きがちに。

ましてや認知症の方の場合、言語化する機能の低下という症状も抱えているのです。**積極的に会話をし、脳に刺激を与え、言語化能力の低下をできる限りゆるやかにしなくてはなりません**。

朝の「おはよう」から、夜の「おやすみ」まで、たくさんのおしゃべりのチャンスがあります。

話しかける内容は認知症の方が、「お？」と興味を引く話題や、リハビリがてら何か手伝いに導けることなど、その時々で工夫してみましょう。

「ご飯、おいしいですね。おかわりいかがですか？」

「一緒にアルバム見ませんか？　……この方、どなたでしたっけ？」

言葉を交わし合えば脳は確実に活性化され、話すことで孤独感も癒されます。ぜひ「日々、こまめな会話」を心がけてください。

やってはいけない！ 話しかけられたときの受け答え

●急かすのはもちろん、「代弁」も避けましょう

認知症の方が話しかけてきたときには、93～94ページの基本姿勢のかたちと、これまでにお伝えした心構えでもって、しっかりお話を聞くことにつきます。

認知症の方をお相手にする場合に限らず、話しかけたけれど気もそぞろ、聞いているのかいないのか、何かしながら目も合わせないなんて嫌なものですよね。

また認知症の方は、「○○さん、ちょっといい？」「おーい、○○さん！」など、話しかけたい相手に対して、わかりやすい声かけができないこともありま

す。こちらを見てモゴモゴしている。チラチラ様子をうかがっているなど、**「もしかして、話しかけたいのかな？」と思ったら、「どうしました？」と聞いてみましょう。**

さらには、何を話したいのかという用件も、なかなか言語化できないことも多々**（⬇失語・37ページ参照）**。たどたどしくて、「○○ってこと？」と代弁したくなりますが、言葉を選び、口にすることも大切なリハビリです。遮らずに、「ゆっくりで大丈夫ですよ」と励ましながら、相槌を打って「傾聴」してください。

ただ中には、全く言葉になっておらず、意味をくみ取れなくて答えに窮する場合もあります。

そんなふうであっても、「わかんないなあ、何が言いたいの？」などと、せっかく伝えようと言葉を探っている「努力」を否定するような返答は避けましょう。

「せっかく話しかけても、全然聞いてもらえない」「この人は私の話をちゃんと聞く気がないんだ」と焦燥感に支配され、その結果、話しかけることをあき

らめるようになってしまったら……。失語はどんどん進み、脳の認知機能低下は加速してしまいます。

介護者は自らの応対の悪さが要因になって、よりサポートが必要で、より対応が難しい認知症の方をつくり上げていることにもなるのです。

話の内容が重要なのではありません。

どんな話であれ、「そうなんですか」「なるほど」など、「話をちゃんと聞いていますよ」という姿勢を示すのが大切なのです。肯定されることが、認知症の方を安心させ、そこから次の会話が生まれ、脳へも新たな刺激を与えることができます。

「そもそも話を聞いてくれない」ときは……

膝を折って目線を合わせて「散歩に行きましょうか」と、ゆったりやさしく声をかけても無反応……。いったい何が原因？　どうしたらよいでしょうか？

まず、たいていの方は「聞こえていないのかな？」と思って、耳元で「お散歩に行きましょうね」と話し直すでしょう。これで反応があれば、老人性難聴のせいだったと一件落着です。

また、気が乗らなくて反応が薄いことも。そんなときは「情動」に訴える作戦を。

「桜がすごくきれいですよ、〇〇さんにも見せたいなあ。お散歩に行きましょうよ」「楽しそう！」と情動を揺り動かすことで、反応を得られることもあります。

特に注意したいのは、体調不良による無反応です。顔色はどうか、痛そうに押さえているところはないか、便秘していないか、食事はちゃんととれたか、夜はちゃんと眠れているか、脱水症状を起こしていないかなど、よく認知症の方の様子を見て、必要に応じて診察を受けてください。

第3章

「認知機能を上げる話し方」50のヒント

日々の介護をラクにする実践ことば集

●もう声かけに困らない、対応に悩まない

ここまで、認知機能を上げるためには、介護をする方の話し方が大切ということを繰り返しお伝えしてきました。

ここからは、**これまでにお伝えしてきた考え方をベースに、より具体的なセンテンスや話し方のヒントを、ご紹介していきます**。

ここから紹介する話し方のヒントは、なんと50例！

食事の時間や睡眠前などちょっとしたときに使えて、認知症の方との会話が

広がり、認知機能によい効果がある話し方から、徘徊が止まらない、万引きをしてしまった、外出したがらない……などの困った行動にうまく対応するための話し方まで、幅広く紹介していきます。

うまく会話ができない誰かと一緒にいるのは、どんな人にとってもつらいものです。

ここで紹介する話し方のヒントは、「認知症の症状の進行を抑える」ことを目的にしていますが、**話し方のコツをつかんでいただければ、以前よりも、認知症の方と話すシーンにおいて、介護者の方のストレスも減るはずだと、私は思っています。**

介護者の方も、認知症の方も、もう少しだけラクになれるように……。そんな思いでまとめた話し方のヒント、ぜひ使っていただけたら幸いです。

1 挨拶をするとき（朝・昼・晩）

対応のヒント

朝昼晩の挨拶は、会話の糸口になり、認知機能の悪化防止にもつながります。毎日欠かさず行いましょう。

声かけの例

「おはよう。いい天気ですよ！」
「こんにちは。顔色がよくてよかった」
「こんばんは。これから夕飯にしますね」

NGな声かけ

- ●（寝ているのに大声で）「おはようっ！」……ビックリしてしまう
- ●（朝昼晩問わず）「元気？」「どうも～」……時間感覚が乏しいのが、少し残念

青春新書 INTELLIGENCE こころ涌き立つ「知」の冒険

青春新書インテリジェンス

いちばん効率がいい すごいジム・トレ
この本はポケットに入るあなたのパーソナルトレーナーです
坂詰真二 1100円

「メンズビオレ」を売る 進学校のしかけ
ユニークな取り組みを行う校長が明かす、自分で考え、動ける子どもが育つヒント
青田泰明 1133円

結局、年金は何歳でもらうのが一番トクなのか
年金のプロが、あなたに合った受け取り方をスッキリ示してくれる決定版!!
増田 豊 1089円

日本人が言えそうで言えない 英語表現650
〝日本人の英語の壁〟を知り尽くした著者の目からウロコの英語レッスン
キャサリン・A・クラフト【著】 里中哲彦【編訳】 1078円

教養としての ダンテ「神曲」〈地獄篇〉
700年読み継がれた世界文学の最高傑作に、いま、読むべき時代の波が巡ってきた！
佐藤 優 1485円

世界史で読み解く 名画の秘密
あの名画の神髄に触れる「絵画」×「世界史」の魅惑のストーリー
内藤博文 1485円

人生の頂点（ピーク）は定年後
自分らしい頂点をきわめる一番確実なルートの見つけ方
池口武志 1078円

相続格差
相続で縁が切れる家族、仲が深まる家族の分岐点とは？
税理士法人レガシィ 天野 隆 1067円

俺が戦った 真に強かった男
〝ミスター・プロレス〟が初めて語る外からは見えない強さとは
天龍源一郎 1089円

NFTで趣味をお金に変える
趣味や特技がお金に変わる夢のテクノロジーを徹底解説！
tochi（とち） 1155円

ドイツ人はなぜ、年収アップと環境対策を両立できるのか
ドイツ流に学ぶ、もう一つ上の「豊かさ」を考えるヒント
熊谷 徹 1078円

【最新版】脳の「栄養不足」が老化を早める！
「オーソモレキュラー療法」の第一人者が教える、脳のための食事術
溝口 徹 1166円

人が働くのはお金のためか
誰もが幸せになるための「21世紀の労働」とは
浜 矩子 1210円

弘兼流 好きなことだけやる人生。
弘兼憲史が伝える、人生を思いっきり楽しむための〝小さなヒント〟
弘兼憲史 1089円

「発達障害」と間違われる子どもたち
子どもの「発達障害」を疑う前に知っておいてほ
成田奈緒子 1155円

井深大と盛田昭夫 仕事と人生を
仕事と人

解説

認知症の方に、朝いちばんにかける声といえば、「おはよう（ございます）」ですね。明るい声と笑顔で、一日のスタートをさわやかにしたいものです。しかし、認知症の方がまだ布団で寝ているときに、突然、大声で「おはようございます！」はやめましょう。認知症の方は「いったい誰だ！」と驚いてしまい、朝から気分を害されてしまいます。

眠そうにされているなら「カーテンを開けてもいいですか？」と断ってから、カーテンを開けます。「もう7時ですよ」など、穏やかに声をかけてください。

また、認知症の方は見当識障害のため、朝昼晩の区別がつきにくくなっています。

午前中は「おはよう」、お昼ご飯を終えて午後は「こんにちは」。日が暮れて晩ご飯を食べる頃は「こんばんは」、夜が更けて眠りにつくときは「おやすみなさい」。**同じ家に住んでいる家族であっても、これらの「時間が伝わる挨拶」を取り入れましょう。**

挨拶によって一日の時間経過を認識させることで、認知機能の悪化防止にも効果が期待できます。

2　ご飯を食べるとき

対応のヒント

いちばん大切なのは、急《せ》かさないこと。食べさせるのではなく、笑顔で「一緒に食べよう」という明るい雰囲気を出しましょう。

声かけの例

「おいしそう！」「お昼ご飯ですよ。さぁ、一緒に食べましょう」

（箸の使い方がわからずまごついている人に）

「フォークを忘れてごめんなさい！　ちょっと待っててね」

NGな声かけ

●「早く食べてくださいよ、片付けがあるんだから」

……急かすのはやめましょう

●「箸があるでしょ？　何をボーッとしてるの」

……高圧的&否定的な言い方はNG

解説

認知症の方にとって食事は、体力維持のための栄養摂取であり、箸やフォークを使って自分で食事をするという、日常生活維持のための訓練でもあります。食事を嫌がってしまわないように、NG例にあるような「早く」と急かす言葉は避けましょう。早く食べるというのは、認知症に限らずご高齢の方には難しいことなのです。また、個人差はありますが、**「おいしそう」などの情動に働きかける言葉で食事の時間を盛り上げたほうが、「早く」と言うよりスムーズに食が進むこともあります**。

さらに、今までは上手に使っていた箸が、認知症が進むと使えなくなる方も多数です。そんなときは**目の前に座って箸を持ち、「冷めないうちにどうぞ」などと笑顔で声をかけつつ、介護をされる方もゆっくり食事をしてみてください**。あくまでも、介護者の食事という体《てい》ですが、真の目的は箸を使うためのデモンストレーションです。

「なるほど、ああやるんだな」と、認知症の方は見様見真似で食事を始めてくれるでしょう。それでも、箸を使うのが難しそうでしたら、スプーンやフォークなど、扱いやすいものと取り換えましょう。

3 趣味や特技を楽しむとき

対応のヒント

趣味や特技は、体が覚えていることが多いもの。声かけによって、積極的に行ってもらうことで認知症の進行対策ができます。

声かけの例

「お得意の編み物で、コースターをつくってくださいませんか？」

「おばあちゃんはカラオケ名人だから、今度、みんなでカラオケしましょうよ」

NGな声かけ

●「後片付けが大変ですから、毛糸を散らかさないで」

……介護者の都合優先で否定的

●「みっともないから、大きな声で歌わないの」

……恥ずかしいという言い方で、行動を否定している

解説

介護者も一緒に楽しめると、なおよし。お互いに無理のない範囲で楽しみましょう。

長年続けてきた家事、昔よくやった大工仕事、趣味の編み物……。このように**体が覚えていることは「手続き記憶」といい、認知症の方が記憶障害になっても、割合長く残っています**。

手や体を動かすことは、認知機能の低下防止に役立ちますし、そこで得られる「楽しい！」という気持ちは、認知症の方の心を明るくし、よい情動経験にもなります。

ぜひ、前向きな声かけで、認知症の方が趣味を楽しんだり、特技を披露したりする時間をつくりましょう。強制ではなく、「**○○やりませんか？**」といった提案のかたちで伝えるのが大切です。

4 外へ出かけるとき

対応のヒント

認知症の方を引きこもりにしては、症状を悪化させるだけです。脳に刺激を与えるためにも、外出したくなる声かけを。

声かけの例

「明日はデイサービスですよ、楽しみですね！」

「久しぶりに、〇〇デパートに買い物に行きませんか？」

NGな声かけ

●「シネコンに行きませんか？」

……新しい言葉&カタカナ語はできるだけ置き換えましょう

●「たまには外に出なくちゃダメですよ」

……前向きな言い方に変換を

解説

認知症の方は、何かを積極的に行うのがおっくうになりがち。しかし、そんな低刺激な毎日では、症状は進むばかりです。

まだまだ歩ける認知症の方ならば、機会を見つけてお出かけしたいもの。できるだけ「外出が楽しみになる声かけ」をして、積極的に出かけましょう。

また、デイサービスに定期的に通っているのなら、**前の日から「明日はデイサービスですよ、楽しみですね！」など、ワクワクした期待感を盛り上げるのもいいでしょう**。この会話自体は、記憶障害によって薄れるかもしれませんが、「楽しそう！」「うれしい！」といった情動は残ります。

ただ、認知症の方を外に連れ出すときに大切なのは、気乗りしないときは無理強《じ》いしないことです。**楽しい体験でないと、認知症の症状緩和によい効果をもたらしません**。口に出せないだけで、体調不良のために出無精になっているときもあるので、よく顔色や体調を観察してみてください。

また、外出先を説明するときには、「シネコン」「コンビニ」など、比較的新しい言葉は避けたほうが理解しやすいでしょう。

5 買い物をするとき

対応のヒント

介護者の声かけで「導く」つもりで、一緒に買い物できるのが理想です。

声かけの例

「どのキュウリがよいですかね？」

「野菜を選んでくれてありがとう。お会計は私がしますね」

「すごい！　野菜の鮮度を見る目はさすがですね～」

NGな声かけ

●「買い物が終わるまで、じっとしててくださいよ」

……何もさせないことにつながる

●「触っちゃダメ！」

……問題になる行動ではないのに強制すると、気力がそがれる

解説

認知症の方には、生活に支障をきたす障害が出てきます。買い物一つとっても、メニューを考え、冷蔵庫をのぞいて足りない食材をリストアップし、スーパーに行き、食材を選び、会計をして家に戻る……と、さまざまな行動をする必要がありますが、**その一連の行動を理論的に、計画に基づいて行うことが難しい「実行機能障害（遂行機能障害）」を抱えてしまう**のです。それでも、「面倒だから買い物に行かないで」と、言ってしまえば、今までできていた機能すら失ってしまいます。

ぜひ「相手を導く声かけ」で一緒に買い物を！ 「買い物メモをつくろうね。トマトはある？」と聞けば、認知症の方が冷蔵庫をのぞき込み、「ないよ」と答える。スーパーの野菜コーナーでトマトを選ぶときには、「どのトマトが新鮮かなあ？」と問いかける。

もしかしたら、往年の主婦の知恵を思い出し、「ヘタが濃い緑で、ピンとしているのがいい」など、答えてくれるかもしれません。

最後の会計は介護者が行うなど、認知症の方ができないことはサポートし、できることをどんどんやってもらうのが、認知症介護の秘訣です。

6 久しぶりに親族で集まるとき

対応のヒント

認知症の方にとって「久しぶり」の人がいる場合、その人からまず自己紹介してもらいましょう。認知症であれば名前は忘れて当然と考えること。

声かけの例

「ご無沙汰しております！　孫の○○です」

「お元気そうで何よりです。小さい頃よく遊んでもらった、いとこの○○です」

NGな声かけ

●「おばあちゃん、私が誰だかわかる？」……試すのはNG

●「えー、私のこと忘れちゃったの？」……プライドを傷つける

解説

認知症の症状が進むと、大事な家族の関係性が理解できなくなる場合があります。大切に育てて成人させた子どもや、目に入れても痛くないほどかわいがっていた孫なのに、久しぶりに会うと「どなたですか？」ととまどってしまう……。そう言われた相手方も「私のことがわからなくなるなんて」と暗澹たる気分になるでしょう。

ここで、**改めて心しておきたいのは、「どなたですか？」の発言には悪意のかけらもなく、認知症の症状であるということです**。よって、「違うよ、孫の○○だよ、どうしてわからないの？」と、非難がましく反論しないでください。認知症の方は「家族の名前を忘れている自分」を自覚し、悲しみを深めるだけです。

認知症の方に会うときには、最初に自分から「お久しぶりです。孫の○○です」と挨拶をするのがよいでしょう。

決して「おばあちゃん、私のことわかる？」なんて、記憶力を試すような問いかけをしてはいけません。**こうしたテストは人を小バカにしたような印象で、さらに答えられないとなると、深く自尊心を傷つけます**。

7 散歩の最中に話すとき

対応のヒント

歩きながら話すのはよいが、突然話しかけて、転倒やつまずきの原因にならないように注意しましょう。

声かけの例

（いったんベンチに座らせて）

「いいお天気ですね～。散歩にきてよかったですね！」

「手を握って歩いてもいいですか？」

NGな声かけ

●（大声で）「そこに段差！　気を付けて！」

……驚いて、逆に転倒リスクがアップ

●「何やってんの、赤信号でしょ！」

……叱責は×

解説

外での会話は、介護者の方のリフレッシュにもつながる。風景を楽しみリラックスして話しましょう。

散歩は外の空気に触れられ、介護者の気分もリフレッシュできますね。

ただ、気を付けたいのは転倒です。突然話しかけて驚かせてしまい、バランスを崩して転倒する事故も珍しくありません。

万一のために手を握ったりするなど、転倒予防策を講じながら散歩しましょう。

予防策を講じておき、低く穏やかな声で話しかけてください。**話しながら歩くのは、脳の機能向上に効果的な「デュアルタスク（一度に2つ以上のことを行うこと）」になります**。ただ、足元がおぼつかない方なら、ベンチに座ってもらってお話しするのが安全です。

8 昔話をしてきたとき

対応のヒント

昔話は、介護のヒントの宝庫。好きなもの・得意なことを拾い上げてリハビリに生かしましょう。過去の記憶を思い出すことは脳への刺激にもなります。

声かけの例

「日曜大工が趣味だったんですね。今度棚をつくっていただこうかな？」

「ご苦労なさって……人生の勉強になります。聞かせていただいて、ありがとうございます」

NGな声かけ

- ●「前にも聞きましたよ、それ」……非難・否定している
- ●「はあ、そうですか」……無関心が伝わり意欲をそぐ

解説

認知症の方が昔話をよくする段階は、中期までといわれます。相手がすでに聞いた・聞いていないを全く気にせずに、しゃべりたいエピソードは、何度もリピートするのが特徴です。忙しい介護者にとっては、「もう耳にタコ！」「何度目よ！」とイライラしてしまうこともあるでしょう。

そこで、視点を変えることをご提案。看護師や介護士など認知症サポートのプロは、認知症患者のご家族に、患者さんの過去のお仕事や、趣味、食べ物の好き嫌いなど、その方の人生と暮らしの歴史「生活歴」を、なるべくたくさん聞き取ろうとします。**生活歴がわかっていれば、徘徊や暴言などが起きたとき、何に起因するのかを探る一助になるからです。この生活歴の一部を、ご本人自ら語っているのが昔話**。貴重で有益な介護資料なのです。

また昔話の集大成として、「自分史」をつくるリハビリ方法（過去の出来事を思い出し話すことは、脳への刺激になります）もあります**（➡回想法62ページ参照）**。介護者の時間を奪ってしまう困ったおしゃべり、と一刀両断はしないでください。昔話は、認知症の悪化を防ぐ可能性を持っているのです。

9 家事を手伝ってくれたとき

対応のヒント

「人の役に立った！」という満足感は、生きる支えになるもの。心からの感謝を伝えましょう。

声かけの例

「いつもより早く料理ができて、本当に助かりました」

「お上手なんですね。またお願いしようかな」

NGな声かけ

●「こんなに散らかして……」……非難のみで感謝なし

●「これじゃ使えませんよ」……仕上がりを悪評価しない

解説

人は、何歳になっても、どんな病気を患っていても、「人の役に立ちたい」「人から評価されたい」という欲求を持っています。役に立たない人間＝人から評価されない人間＝いなくてもいい人間……この連想の果てに、自殺を選ぶ高齢者も少なくありません。

また認知症の方であっても、過去に身に付けた職人技や、家事のテクニックは体が覚えているものです。せっかく手続き記憶（体で覚えた記憶）が残っているのに、それを発揮させないとなると、どんどん記憶は薄れ、できていたことまでできなくなります。これを「つくられた障害」と呼びます。

そのため、**たとえ散らかっても、うまくできなくても、「これもリハビリ、大事な作業」と割り切って、手伝っていただいた成果を誉め、「ありがとうございます」「助かりました」と感謝してください**。きっと認知症の方は、誇らしげにほほえむことでしょう。

「よい情動が認知症の進行を抑制する可能性がある」ということは、第2章でもお伝えしましたね。人の役に立ったときの楽しさ、うれしさなどのプラスの情動もまた、認知症の悪化を防ぐ妙薬になるのです。

10 認知症の方へ 何かお願いをしたいとき

対応のヒント

人としての尊厳、年長者への尊敬の念を持って、フレンドリーすぎない対応・言葉遣いが肝心です。

声かけの例

「～していただけますか？　ありがとうございます」

「お手伝いをお願いできますか？　助かります！」

NGな声かけ

●「はいはい、手伝って！」……じゃけんな物言いはNG

●「～しなさい！」「～するの！」……命令もNG

解説

何度もお話ししているように、認知症の方には情動（⬇78ページ参照）が残っており、記憶はなくしても、自尊心はなくしません。**低く見られて、ないがしろにされると、悔しさ・悲しさで胸がふさがれます**。それはときとして、反抗的な態度や、暴言を吐く原因になります。

認知症の方に何かお願いをするときには、「〜していただけますか？」と、礼節を持って対応すること。家族間なら敬語でなくてもよいと思いますが、礼節は守りましょう。

「おばあちゃん、パジャマにお着替えしましょうね。バンザイしてもらえますか？　はい、ありがとう」

「お風呂のお手伝いをさせてくださいね。足から洗わせてもらっていい？」

「〜してあげる」ではなく、「〜させていただく」姿勢で接すれば、認知症の方の自尊心が満足すると同時に、「特別感」が生まれます。

そのうれしさ・誇らしさはよい情動経験になりますし、介護者に対する信頼感にもつながります。介護もスムーズになるでしょう。

11 認知症の方からの依頼を断りたいとき

対応のヒント

拒絶・否定は禁忌。「あなたが大切」「あなたが悪いわけではない」ことをきちんと伝えましょう。

声かけの例

（「お団子を買ってきて」と頼まれ）「今、冷蔵庫においしい水ようかんがあるので、召し上がりませんか？」

（「現金をおろしてきて」と頼まれ）「○○さんが帰ってきたら、車を出してもらいましょうね」

NGな声かけ

●「忙しいから無理」……拒絶は悲しい……

●「はいはい、あとでね」……小バカにされた気になる

解説

認知症の方は、突然思いがけないことを言われます。もう夜も更けて、あとは布団に入るだけの段階になって、「お団子買ってきてよ」。特に必要ないはずなのに、「現金が手元にないと困るの、おろしてきて！」。

しかし「ダメ！」「バカなこと言わないで！」などと拒否・拒絶すると、認知症の方の心を深く傷つけるので避けてください。ほかの人には全く意味をなさない理由で、妄想から端を発したことだったとしても、認知症の方にとって大切な何かのためのお願い事なのです。即座に拒否されれば、悲しい気持ちになって当然です。

上手に気をそらし、代替案を提案してください。想像力や頓《とん》智《ち》力を鍛える、介護者のための脳トレと思えば苦にならなくなります。

また、「ちょっと来て！」と、忙しいときに話しかけられることもあるでしょう。反射的に口に出てしまう「待って」「あとにして」も、一種の拒絶・否定になるので注意が必要です。「ごめんね～、急いで洗濯物干すから、ちょっとだけ待ってて」など、申し訳なさを強く出して、拒否・拒絶しているわけではないことを伝えたいものです。

12 認知症の方へ 少し話しかけたいとき

対応のヒント

突然大声で背後から話しかけるのは厳禁！　話し方の基本姿勢を守って、驚かせないようにしましょう。

声かけの例

（時代劇の放映が終わったのを見計らって）
「お父さん、デイサービスの時間ですよ」

（前に回り、ひざまずいて）
「お昼ご飯の時間ですよ」

NGな声かけ

- ●（後ろから大声で）「○○さん！　ご飯の時間だから来て！」
- ●（突然テレビを消して）「はい、デイサービスのお迎えよ！」

解説

テレビを見ているときに話しかけられても気づかないのは「複雑性注意障害（いろいろな刺激が同時に発せられるとき、必要なもののみ選び取り、そこに神経を集中させることができなくなる障害）」のせいかもしれない。

認知症の方に話しかけに気づいてもらい、話に集中してもらうためにはコツがあります。まずは、何かに集中していたり、話をしている最中のときはやめること。無理やり割り込むと、嫌な気分になって、話を聞く心持ちではなくなります。**話すときは、認知症の方の視界に入るなど、話し方の基本姿勢（➡94ページ参照）**を守ってください。静かな場所を選び、雑音は先に消しておきましょう。

13 服を着るとき

対応のヒント

服が正しく着られなくなるのも認知症の症状の一つです。できない部分だけサポートをするのが重要ですが、お手伝いする前にも必ず一言声かけを。

声かけの例

「これ、ボタンが面倒ですよね。お手伝いしてもいいですか？」

（ボタンのない服を用意）

「このお洋服、いい色でしょう？　かぶるだけだから簡単ですよ」

NGな声かけ

●「ボタンはこっちでやりますから、袖だけ通しておいて」
……子ども扱いはやめましょう

●「まだ着られないんですか？」
……急かしてはいけない

解説

認知症の症状が進むと、日常生活のちょっとした行動ができなくなってしまいます。服を着る、靴の紐を結ぶなど、それまでごく当たり前にこなしていたことができなくなると、ご本人も大変なショックを受けます。

サポートが必要になりますが、くれぐれも「サポートしすぎ」にはご注意ください。袖は通せるけどボタンはかけられないのなら、袖を通すところまでは認知症の方にやっていただきましょう。介護者がすべて行うと、せっかくできていたことすら、どんどんできなくなってしまいます。

できないところをサポートするときは、何も言わずにやるのではなく、**「～してもいいですか？」の相手への敬意を持った言い方で、一言声かけをしてから。**また、**「これ、ちょっと着にくいんですよね……」などの共感の一言**があると、「こんなこともできない！」と感じていた認知症の方の心が、少しラクになるときもあります。

服は着やすいデザインのものを選びましょう。「誰の手を借りずともできる！」そんな自信と誇りは、認知症の方を前向きにし、行った行動が認知機能の低下を防ぎます。

14 髪をとかすなど身なりを整えるとき

対応のヒント

認知症になると、身なりを整えることが難しくなります。適切な声かけとフォローで明るい気持ちにしてあげてください。

声かけの例

「髪をとかしてもいいですか？」

「まあ、きれいなグレイヘア。憧れます」

NGな声かけ

- （何も断らずに）「はい、髪とかしますよ」
  ……突然触るのはNG
- 「みっともないから、髪くらいとかしてください」
  ……非難しない

解説

認知症の方は、病気によってさまざまなものを失ってしまいますが、日常的に行っている身支度の方法や、道具の使い方がわからなくなるのもその一つです。いつもこざっぱりとしていた方の身なりが、どんどんみすぼらしくなっていくのは切ないものです。

認知症の方ご自身も、身ぎれいにしていたいのです。きれいにしていたら、鏡に映る自分にウキウキできます。「あら、今日のおばあちゃんかわいい！」など、うれしい声をかけられれば、ご機嫌になるでしょう。

どうか、認知症の方の髪をとかすとき、爪を切るときなど身なりを整えるときは、**積極的に素敵な部分を見つけて「ここ、きれいね」と声をかけてください。うれしい気持ち、心躍る経験は脳への刺激になり、認知症の悪化への抑止力になります**。

さらに、髪をとかす時間の何気ない会話は、介護者と認知症の方の間に心の交流を生み、強い信頼関係も築きます。

なお、髪に触れたり、とかす前には、必ず「髪をとかしてもいいですか？」と断ってからにしてください。

15 トイレに行きたそうなとき

対応のヒント

強制的にトイレに連れて行くのは避けましょう。「一緒に行きましょう」など、やさしい声かけで誘導します。

声かけの例

「そろそろトイレに行きませんか？（＋ジェスチャー）」

「おはようございます。トイレに行って、顔を洗ってサッパリしましょうね」

NGな声かけ

●「早くトイレに行ってきてください」……急かさない

●「すぐに行かないともれちゃいますよ」……脅しはやめましょう

解説

そわそわして歩き回っている、そんな尿意や便意を示す動きを認知症の方がしていたら、上手にトイレまで誘導してあげてください。言葉だけでなく、ジェスチャーも同時に行うとよいでしょう。

「そろそろトイレに行きませんか？（ジェスチャーとして、男性になら、介護者が自らの股間をポンポンとたたく。女性なら、股間を両手で覆うようなしぐさをする）」

しかし中には、「行かないよ」と意地を張る方も。そんな場合には、**「私、トイレに行きたいのですが、一緒に行ってもらえませんか？」と、「私のためにお願いしますよ」というスタンスで誘うのもよい方法**。

また**生活のさまざまな場面で、トイレに誘うと失禁防止に役立ちます**。たとえば、朝起きたらすぐ、どこかに出かけるときには必ず、お風呂の前にも、など。「お目覚めですか？　さあ、トイレに行って、サッパリしましょうね」「お夕飯のお買い物に行きましょうよ。その前に、私トイレに行きたいので、おばあちゃんも一緒に行きましょう」。決して強制的ではなく、さりげなく、負担にならないように。

16 寝付けなそうなとき

対応のヒント

体調不良なのか、気持ちが落ち着かないのか……寝付けない原因は何なのか、探ってみましょう。

声かけの例

「眠れませんか？　お布団寒くありませんか？」
「おやすみなさい。何かあったらいつでも呼んでくださいね」

NGな声かけ

●「もう夜中なんだから、寝なきゃダメでしょ」
……叱責しても問題は解決しない
●「いい加減に寝ないと、明日のデイサービスに行けませんよ」
……脅さない！

解説

健康な人でも、なぜか寝付きが悪いときがありますね。布団が重い・冷たいなど寝具の不具合、空調が寒い・暑い、昼間にストレスを感じることがあった、イベントで興奮して眼が冴《さ》えてしまった、体調が悪いなど。**認知症の方にも当てはまりますので、何か問題点がないか探ってみましょう。**「エアコンの風、寒くないですか?」など、質問はイエスかノーで答えられるシンプルな内容にします。

眠れないことが気になって、そこに気を取られると、余計に眠れなくなります。**「トイレに行ってみましょう」「ホットミルクを飲んでみますか?」**など、気晴らしをしてもらうのも一つの手。そして、「また眠れなかったらどうしよう」と不安を感じている認知症の方に対しては、**「何かあったらいつでも言ってください」と声をかけるのが、いちばんの「安眠材料」になります。**

なお、特に体調不良ではないのに寝付きが悪い日が続くようなら、散歩やラジオ体操を習慣にするなど、日中に体を動かすメニューを組み込んでみましょう。

17 認知症の方に 日時・曜日を確認するとき

対応のヒント

見当識障害によって、日付・曜日感覚が乏しいことを考慮して話します。日々の声かけ＋道具の工夫で悪化を遅らせましょう。

声かけの例

「おはようございます。今日は○月○日、○曜日ですよ」

「今日から10月ですね、あったかい下着にしましょうね」

NGな声かけ

●「はい、今日は何曜日ですか？」
……テストしない

●「今日は○日じゃないですよ」
……間違いを否定せず、「そうですね」と受け流しましょう

解説

認知症の典型的な症状である「見当識障害」**（⬇36ページ参照）**は、現在の日にちや曜日などを思い出せなくなるものです。今までは、「日曜日の次の日は月曜日、仕事に行かなくちゃ」など、生活のシーンと密接につながっていた月日や曜日を、把握できない・理解できない・何が何だかわからない……すっかり混乱してしまい、パニックになる方もいます。

この**見当識障害の進行を遅らせるためには、介護者が行事や季節、日時・曜日を読み上げる習慣をつけるのがおすすめです**。「今日は7月31日、金曜日。明日からは8月、どうりで朝から暑いはずですね」。もし「違うよ、今日は日曜だよ！」と間違ったことを言われても、「そうですね」と否定せず、受け流します。

また認知症の方が自分自身でラクに確認できるように、文字の大きいカレンダーを使う、デジタル式のわかりやすい時計を置くなど、道具の選び方も工夫してみてください。**自分で確認する作業は、認知機能の向上につながります**。

ただし、「今日は何日でしょう？」「何曜日かわかる？」など試すような問いかけはやめましょう。答えられないとき、落ち込んでしまい逆効果です。

18 薬を飲むとき

対応のヒント

毎日決まったタイミングで薬を飲むのは大変なこと。「声かけ＋自分で管理できるような環境整備」でサポートしましょう。

声かけの例

「ご飯を食べたら、お薬ですよ」

「お薬カレンダーから今日の分、持ってきてもらえますか？」

NGな声かけ

●「なんでこんなにお薬がたまっているの！」
……管理できるよう介護者が工夫を

●「薬飲まないと悪くなりますよ」
……脅すと不安感が増すだけ

解説

「今日の分、取りに行きましょう」などの声かけで行動を促し、飲み忘れを防止しましょう。

認知症の場合は、薬を飲んだかどうかの記憶もあやふやになるうえ、物事を整理したり管理したりすることが苦手です。薬を管理し、毎日薬を服用するためには、認知症の方でも服薬が容易になる工夫が必須です。

薬の管理に活用していただきたいのが「お薬カレンダー（曜日ごとに朝・昼・晩のポケットがあり、そこに薬を仕分けられるカレンダー）」。ただ、用意するだけでなく、**「水曜日の朝の分、持ってきて飲んでね」など、具体的に声かけしたり、食後などのよいタイミングで、「薬を飲みましょうか」と伝えたりする**ことで、飲み忘れが少なくなるはずです。

19 体のどこかが痛そうなとき

対応のヒント

イエスかノーで答えられる問いかけ&周辺情報で、不調な箇所やその原因を素早く突き止めましょう。

声かけの例

「足が痛いですか？　ちょっと触ってもいいですか？」

「歩きにくそうですね、大丈夫ですか？　足が痛いですか？」

NGな声かけ

●「足が痛そうだけど、どこかにぶつけたの？」

……記憶が消失していてうまく答えられない可能性大

●「もっとちゃんと歩けませんか？」

……非難はやめましょう

解説

認知症の方は、失語（⬇37ページ参照）によって、ご自分の体調や気持ちを的確に相手に伝えることが難しくなっています。また足腰が弱くなるにつけ、体をぶつけたり、転倒したりと、ケガを負う危険性も高まります。

不調な様子を感じ取ったら、認知症の方への質問の基本、「イエス・ノーで答えられる」かたちで尋ねましょう。

また、心配だからと、何も言わずに痛そうなところに触るとビックリされます。「ちょっと触ってもいいですか？」と、必ず事前に一言声をかけ、了承を得てくださいね。

そして、認知症の方に直接確認するとともに、外部から異変を判断できること……顔色、表情、歩行、腕の上げ下ろし、立ち居の様子、妙にイライラしている、声が弱々しいなどもチェックしてください。食事の量や排泄の回数も重要な手掛かりになります。

そのほか、夏場の脱水症状や、冬の暖房器具による低温やけどなど、季節特有のトラブルがないかも確認しましょう。

20 体調を崩したとき

対応のヒント

不調の兆しを見つけたら、すぐに声をかけることが肝心。「イエス・ノー」で答えられる質問で症状を把握します。

声かけの例

「大丈夫ですか？　頭が痛いですか？」

「（背中をさすって）吐きそうですか？」

NGな声かけ

●「具合の悪いところはありますか？」

●「どうかしましたか？」

●「痛いところがあったら言ってください」

……すべて、イエス・ノーで答えられない

解説

元気がなさそう、調子が悪いみたい……そんな認知症患者さんに声をかけるときは、「イエス」または「ノー」で答えられる質問を投げかけることが大切です。

たとえば、腰痛で椅子に座っているのがつらくなり、少し横になりたいとため息をついている認知症の方へ話しかけるとき。

「○○さん、しんどそうですね。お腹が痛いですか？」↓「ノー」↓「腰が痛いですか？」↓「イエス」↓「椅子に座るのがつらいですか？」↓「イエス」↓「少し横になりますか？」↓「イエス」↓「わかりました。ではベッドまでお連れしますね」。

「どこか具合が悪いですか？」「調子が悪いなら、言ってくださいね」と話しかけられても、認知症の方は自分の不調を正確に伝えることができず、イライラするばかりです。「この人は私がこんなに不調なのに、助けてくれない人だ」「こんな人に介護されたくない」と思う方もいるでしょう。しっかり目配り・気配りしても、**声かけのポイントを外してしまうと、認知症の方と介護者との信頼関係が築けないこともあるのです。**

21 「お金を盗られた」と言ってくるとき

対応のヒント

物盗られ妄想への対応ポイントは、共感すること。本気で困っている認知症の方の心に、しっかり寄り添うことが大切です。

声かけの例

「大事なお財布がなくなったんですか？　それは心配ですね」
「大変！　一緒に探しましょう」

NGな声かけ

- 「私が盗ったって言うんですか！」……反論はダメ
- 「どこかに置き忘れたんじゃないの？」……否定も×
- 「またなの！」……非難は逆効果

解説

「あんた、私のお財布盗ったでしょ！」……誰だって盗人呼ばわりされれば気分を害し、「なんでそんなこと！」と激高したくなります。ただ、認知症の方が言っている場合には、まず深呼吸。症状が言わせていることと一喜一憂しないで、冷静に対処しましょう。

ともかく今、認知症の方は財布がないことにパニックを起こしています。不安で仕方ないのです。**「大変ですね、一緒に探しましょう」**など共感する言葉で、**「私の不安をわかる人がいる！」と、ひとまずパニックから抜け出てもらいましょう**。それでもなお、**「あんたが盗った！」と譲らないときは、「ちょっとあっちの部屋を探してきますね」と、いったんその場から離れます**。少し時間をおけば、「財布がなくなって、介護者を疑った」という一連の出来事を忘れてしまう可能性大です。

認知症の方が盗難したと疑う相手は、たいてい身近で自分の世話を焼いてくれる人です。個人として疑っているわけではなく、**自分の暮らしと密着しているから、最初に頭に浮かぶわけです**。いわば甘えと受け止めて、鷹揚《おうよう》に構えましょう。

22 食事は済んでいるのに「食べてない」と言うとき

対応のヒント

食べた記憶と満腹感がないため、ご本人は食べていないと思い込んでいます。
即座に否定するのはやめましょう。

声かけの例

「はい、ではこれどうぞ」（と、少なめの食事を出す）

「ごめんなさい、今からつくりますね」（と、台所に引っ込む）

NGな声かけ

- 「30分前に食べました！」……否定しても意味がない
- 「お腹こわしますよ」……食べていないと思っているので意味がわからない

解説

認知症による記憶障害と、満腹中枢が働かなくなる複合的症状で、食べたはずの食事を食べていないと訴える方はたくさんおられます。

「さっき食べましたよ」と否定しても、ご本人は食べた記憶がないので、「食事を与えてもらえない！　ひどい！　いじめを受けている！」と思われて、マイナス感情がふくらむばかり。

次のように賢く対応して、感情面にしこりを残さず、また、過食にもならないようコントロールしましょう。

・**少量の食事やお茶を「はい、どうぞ」と出す**。毎回のように「まだ食べていない」と言われるのなら、最初から全量を何回か分に分けて出すのも一法です。

・**「今、用意するので待っててくださいね」と、台所にいったん引っ込む**。その間に食事を要求したことを忘れ、落ち着きを取り戻す場合も。

・**「それじゃ、お団子買いに行きましょうか」と、散歩に連れ出す**。散歩の間に違う話をするうち、食事のことを忘れる&運動不足解消&運動による脳への刺激が得られる……と、「一石三鳥」です。

23 デイサービスなどに行きたがらないとき

対応のヒント

認知症の方自らが喜んで出かける気になるよう、気持ちのストッパーを取り払う言葉かけを心がけます。

声かけの例

「ちょっと遊びに行ってみませんか？」

「今日のお昼ご飯は、大好物のエビフライですよ」

「バスの順番、最後にしたから、ゆっくり準備して大丈夫！」

NGな声かけ

- 「行かなきゃダメでしょ！」
  ……強制は×
- 「この間は行ったのに……何かあったの？」
  ……具体的な説明は認知症の方には難しい

解説

デイサービスの日を迎えると、介護者もほっと一息つけますね。なのに、直前になって、「今日はデイ（サービス）には行かないよ」……大ショックです。何がストッパーになってしまったのでしょうか？

もし初めての参加を拒否する場合は、なんとなくおっくう、初めてのところなので腰が引けている、というのが理由かもしれません。それならば、**「ちょっと遊びに行ってみたら？」「やさしい人たちばっかりですから」などの言葉かけで後押しを**。

今までは楽しんで行っていたのに「嫌だ」という流れなら、前回の参加の際、何かあったのかもしれません。うまくご本人に聞き出せるといいのですが、嫌な思いは残っていても、出来事の記憶はなくなっていますから難しいでしょう。スタッフさんと相談して、早めに原因究明を。

また、出かける準備がなかなかできないときも、「面倒だから行かない！」に。「バスの順番を最後にしてもらいましたから、ゆっくり準備しましょうね」と伝えてください。そしてわりあい効果的なのは、食欲に訴えかける「お昼ご飯は、大好物の○○ですよ」です。

24 同じことを何度も聞いてくるとき

対応のヒント

記憶障害の典型的な症状。やんわり指摘して、同じことを聞いていることを認識してもらうとよいでしょう。

声かけの例

「それは○○ですね。さっきも同じことを言っていましたよ」

（やんわり、やさしく）

「私が覚えておくから大丈夫！　心配しないで」

NGな声かけ

●「さっきも言ったでしょ！　何度も言わせないで！」

……叱責すると不安と悲しみが増すばかり

●「これで5回目！　いい加減にしてください」

……非難しても悲しい気持ちが残るだけ

解説

認知症は、さっき言ったことをすぐに忘れてしまう「短期記憶障害」が特徴。
黒板に書いた端から黒板消しで消していくがごとく、記憶が定着しません。認知症の方が、何度も繰り返し同じことを聞くのは、「覚えておかなくちゃ」と思うからです。すぐに自分は忘れてしまう→迷惑をかけるからちゃんと覚えておかなくちゃ→ちゃんと聞いておこう→聞く→忘れる……このループが続くのです。

さっきも聞いたけど忘れているかも?→何度も聞くと迷惑だろうな→不安だけど我慢しよう……とはなりません。なぜなら、**覚えておけない自分の、不安がぬぐえない気持ちをわかってほしいからです**。そして、他者に迷惑をかけるのも心苦しい。だから「私が覚えておくから大丈夫ですよ」の一言で、問いかけループが止まる場合もあります。

ただでさえ**不安でおびえているのに、叱ると傷つけてしまいます**。「○○ですよ」と質問の回答を言いつつ、「さっきも同じことを言っていましたよ」とやさしく伝えます。「何度も聞かれて不快」などの悪感情を含めず、単なる事実として伝えてくださいね。

25 家にいるのに「帰りたい」と言うとき

対応のヒント

「家に帰りたい」という切羽詰まった気持ちを理解して、その思いに寄り添った言葉を伝えられればおさまります。

声かけの例

「それでは、そこまでお送りしますよ」

「せっかくだから、お夕飯食べていってくださいよ」

「お迎えの車が来るまで、お茶でも飲んでいてください」

NGな声かけ

●「ここが自分の家でしょう?」……否定しても反発される

●「おかしなこと言わないで」……責めるのは逆効果

解説

認知症の方の帰宅願望は、夕方に起こりやすいことから「夕暮れ症候群」とも言います。認知症の方は、「自分の家ではないから居心地が悪い」、または「かつての家族の待つ家に帰りたい」と心底思い、「それじゃ、そろそろ帰ります」となるわけです。

ここで、「おかしいことを言っているから正さないと」と考え「ここがうちでしょ」などと否定するのは逆効果。混乱を招き、問題となる行動がより強くなる可能性もあります。**帰りたい家がある世界が認知症の方にとっての「リアル」ですから、介護者もそちら側に行く話し方をしましょう**。

とはいえ、認知症の方を家から一人、外に出すのは危険です。でも、認知症の方は家から出ないとおさまりがつかないので、**「そこまでお送りしますよ」としばらく一緒に歩きましょう**。ある程度時間が経過したら、帰宅願望が消えますから、「さあ、家に帰りましょう」と、声をかけ自宅に誘導します。「お夕飯をご一緒しましょう」などと伝えて、引き止めるのもよい作戦。夕飯を食べている間に、帰宅願望がおさまることも多いものです。

26 うつうつとしているとき

対応のヒント

生きる意欲が回復するように、「あなたがいてくれてよかった」「いないと困る」と伝えてください。

声かけの例

「私は悲しいですよ、あなたが死んでしまったら」

「迷惑かけてもいいんですよ、おばあちゃんがここにいるだけでうれしいの」

NGな声かけ

●「そんなこと言っても仕方ないでしょう？」
……共感してもらえないと絶望する

●「薬もらいますか？」
……安易に投薬をすすめない

解説

どんなタフな気持ちの持ち主でも、認知症になって今までできた普通のことができなくなると憂鬱になり、記憶が消えていく恐怖に胸がふさがれます。**気持ちが沈むと、日常生活に支障が出てしまいます。この認知症を悪化させるだけの悪循環は、早々に断ちきらなくてはなりません。**

特にレビー小体型認知症で多く見られる症状なので、注意深く見守ってください。

うつうつとなると、認知症の方がよく口にされるのが「死んだほうがまし」の一言。「でも、私はおばあちゃんがいなくなったら、寂しいよ、嫌だよ」、そう言って背中をさすってあげると、どれだけうれしいか……。

どんなに認知機能が低下しても、情動は消えません。うれしい・楽しいといったプラスの情動には、うつうつとした気持ちを払う力があります。

また、認知症の方の長所、お手伝いしてくれてうれしかったことなど、ポジティブな話題を提供して、気持ちを明るいほうに向けてあげましょう。

27 「あなたに介助されたくない！」と言うとき

対応のヒント

怒りたくなりますが、グッとこらえて落ち着いて声かけを。お互いのために声をかけたあと、いったん離れるのも手です。

声かけの例

「ごめんなさい。嫌いな青魚をお出ししてしまいましたね」

「お困りのことがあったら、声をかけてくださいね」

NGな声かけ

●「いいから、○○してください」……強制は×

解説

人前で「おむつ替えますか？」などと言われたことで傷つき、介護拒否になることも。自尊心を大切にすることを念頭において、介護を行いましょう。

ある日突然、なぜか介護を嫌がる。介護する側にとっては、介護の「拒否」ですが、認知症の方にとっては「嫌だという意思表示」です。

何が嫌だったのか、それを見つけることが解決への早道でしょう。

ご機嫌を損ねてしまって取り付く島がないときには、少し時間を置いて。「何かお困りのことがあったら、声をかけてくださいね」と言って、少し離れた場所から様子をうかがう。そして少し時間が経過したら、「何をなさっているのですか？」など、たわいもない話をしてみると、ご機嫌が直っているかもしれません。

28 何を言っているかわからず、会話が成立しないとき

対応のヒント

会話のキャッチボールが難しくなっても、認知症の方にとって楽しい話し相手になるだけで十分なのです。

声かけの例

「そうなんですね～、なるほど」

（切るやつと言われ）「ハサミのことですか？」

NGな声かけ

●「何言ってるんだか、全然わかりませんよ」……全否定はやめましょう

●「忙しいからあとで！」……拒絶は冷たい印象

解説

認知症の方は、話したことを忘れて何度も話をするだけでなく、急に話題が変わる、返答が支離滅裂になるなど、会話の受け答えも難しくなってきます。単語が出にくくなって「アレ」「ソレ」など指示代名詞ばかりになるのもよくあることです。

介護者のほうは、「会話はきちんと成立させたい」と思いがちですが、認知症の方は孤独感を癒すために「聞いてほしい」「話し相手が欲しい」と思っていたり、介護者の気を引きたいというケースが多いのです。よって**会話を正しく成立することが必須要件ではなく、認知症の方の孤独感や介護者の気を引きたい思いを満たせればよいと考えましょう**。

どう答えていいやら困るときには、「そうなんですか」「うんうん、なるほど」と相槌を打つだけでもかまいません。

また**「切るやつはどこ？」など、単語が出てこない場合には、クイズだと思いましょう**。「ハサミ？　それともナイフですか？」など会話を交わしながら、クイズの答え探しをしてみてください。この共同作業で、認知症の方は「どうせわかってもらえない」という孤独感から救われます。

29 間違ったことを思い込み、譲らないとき

対応のヒント

反論しても問題解決にはならず、しこりになるだけ。物理的に距離を取り、上手にクールダウンしましょう。

声かけの例

「すみません、ちょっとトイレに行ってきますね、すぐ戻ります」

（と、部屋を出る）

「はい、わかりました。ところで、のどが渇きませんか？お茶を入れてきましょうか」

NGな声かけ

●「違いますったら！」……口ゲンカしてもこじれるだけ

●「はいはい、そうでしょうとも」……小バカにした態度は伝わる

解説

認知症の方が大まじめに間違ったことを主張することは、よくあります。現在の首相が、昭和の高度成長期時代に首相だった人と言って譲らず、バブル期に倒産した会社の株を「値上がりするから今すぐ買ってこい！」。

きっとそんなときは、ご自身が最も華やかに活躍された時代を「今」と思い込んで発言なさっているのでしょう。

高度成長期なりバブル期なりが、認知症の方にとっての「今」である以上、「現在は21世紀なんですから！」と主張しても意味のないことです。**否定されたことで認知症の方は興奮し、口ゲンカに発展するだけ……。そうなると、お互いに消耗してしまい、つらい思いだけが残ります**。

上手に受け流して、その話題がときの彼方に行く時間を待ちましょう。もし腹に据えかねるような展開になるようなら、その場から離れてください。ただし無言で離席するのは悪印象。「逃げるのか！」と暴言に発展すること必至です。冷静な口調で「ちょっとトイレに行ってくるね」など理由を言ってからにしてください。

30 急に反抗的な態度になったとき

対応のヒント

悲しみ、不安、うまくできないことへのイライラなど、言葉にできない鬱屈《うっくつ》を理解し、寄り添う声かけを忘れないでください。

声かけの例

「どうしましたか？　何か嫌なことがありましたか？」

「大丈夫ですか？　お手伝いしてもいいですか？」

NGな声かけ

●「落ち着いてください」……落ち着けないから困っている

●「なら、自分で全部やってください」……突き放しては、不安が増すばかり

解説

認知症の方は、常に不安の中にあります。

病気が進行していったら私はどうなるんだろう？　面倒をかけている家族に見放されたりしないか……。不安はいら立ちに変化し、介護者に八つ当たりすることも。

また見当識障害によって介護者を認識できなくなり、「おまえは誰だ！」と反抗的になったり、古いケンカの記憶が突如蘇ってイライラしているケースもあります。

いずれにせよ、認知症の方の心は乱れ、いら立ちでいっぱいなのは確かです。

いら立ちに寄り添い、同情し、どうにかしてあげたいと表明しましょう。

「どうしましたか？　何か嫌なことがありましたか？」

「一昨日から便が出ていないですよね、お腹が張ってしんどいですか？」

やさしい声で、ふんわり手を握ってあげるのもよいでしょう。

一緒に不安な気持ちの原因を探り、いら立ちから安心へと気持ちが変わるための努力をしましょう。

31 家族の悪口を言いふらすとき

対応のヒント

叱責は百害あって一利なし。しっかり話を聞き、タイミングを見計らって気をそらすのがコツです。

声かけの例

「なるほど、そうなんですね（否定せずに話を聞き、うなずく）。……あら、もうすぐ12時ですね。暑いからお昼ご飯は素麺にしましょうか」

NGな声かけ

- ●「なんで嘘をつくの！」……責めない
- ●「ご近所にあることないこと言って、みっともない！」……叱らない
- ●「あなたの言うことは信用できません」……突き放さない

解説

認知症の方が、何の根拠もなく人の悪口を言ったり、架空の悪行を吹聴したりすることを「作話」と言います。

その主人公は介護者になる場合も多く、身も心も捧げて介護している人にとっては怒《ど》髪天《はってん》を衝《つ》く思いでしょうが、ここは冷静に。叱ったり注意したりすると、かえって作話はエスカレートするだけです。

認知症の方の心の中には、発症前と同じように、人としての尊厳やプライドがしっかり存在しています。それなのに、介護されている現状は非常に心苦しく、情けない。そんなの認めたくない。だから「私は被害者である。悪いのは家族だ！」というありえないストーリーを創造して、自分を正当化するのです。その気持ちをくんで、**作話を否定も肯定もせずに、タイミングを見計らって話をそらすのがいちばんです。**

とてもよくできた作話だと、ご近所の方が真に受けるかもしれませんので、事前に「うちのおじいちゃんが何か言っても、適当にうなずいて受け流していただけると助かります」など、事情を話しておくと安心です。

32 どこへ行くにも、介護者についてくるとき

対応のヒント

「安心」が何よりの妙薬です。病気への不安や家族への負い目を軽減できるよう、やさしい言葉をプレゼントしましょう。

声かけの例

「大丈夫ですよ、私がずっとついていますから」
「私たちにとって、大事な大事なお母さんなんですよ」

NGな声かけ

- 「トイレまでついてこないでください！」
……突き放すと余計不安に
- 「やめてください」
……誰に頼ればいいのかと、絶望してしまう

解説

認知症初期の方は、日常生活も比較的問題なく行うことができ、発症前と変わらないように見えます。しかし、「この先どうなるんだろう？」「いろいろできないことが増えて心配」など、漠然とした不安感を抱えています。その**不安感から、自分の周りの人がいなくなる妄想が起こり、介護者と離れたくない＝つきまといに発展します**。

さらに認知症が進行すると、目的を遂行するためにどうしたらよいかわからない「遂行機能障害」も発症し、つきまといの原因になります。今までスムーズにこなしていたこと……たとえば、夕食の買い物に行く、電化製品を使いこなす、髪をとかして身支度を整えるなど、生活におけるさまざまな作業が、日々できなくなってくるのですから、不安にならないわけがないのです。

だから、頼れる人＝介護者から離れたくない、介護者から離れたら生きていけなくなると、まさに命綱にすがるように介護者のあとを追ってきます。だからこそ「ついてこないで」は禁句。

「トイレを済ませたらすぐに戻りますから、それまでテレビを見ていてくださいね」と、常に安心感を与えることが何よりの対応策です。

33 たたく、暴れるなど暴力的な行動をするとき

対応のヒント

気持ちに寄り添い、やさしく触れるなどして、イライラを静めましょう。叱責しても火に油です。

声かけの例

「どうしましたか？　嫌なことがありましたか？」

「大丈夫ですか？　お話を聞かせてください」

NGな声かけ

●「いい加減にしなさい」……叱責するとヒートアップ

●「そんなに暴れてみっともない！」……辱め・否定はことを長引かせる

解説

認知症の人は理性的な判断が難しいうえ、自分の感情をコントロールすることが困難です。

怒りのスイッチが入る原因は、「悪口を言われている」といった被害妄想、体の不調、言いたいことがうまく言えないイライラ、不本意な扱いをされたことなど多種多様です。原因がわかれば即した対応ができますが、その前にまず、暴言や暴行といった攻撃的な行動をやめてもらうことが先決でしょう。

「やめなさいよ！」と声を荒らげても、感情失禁はすぐにおさまりのつくものではなく、理解されないイライラが増すだけです。**何かが気に入らない、その不自由さ・大変さに共感すること。危なくなければ、気が済むまで見守るのも一法です**。

そして、**ご本人の主張をじっくり聞くことです**。そこに怒りのヒントがあります。もし体に触れても怒りを買わないようなら、やさしく背中をさすったり、手を握ってあげると、徐々に落ち着いてくれるでしょう。

34 ゴミにしか見えないものをため込むとき

対応のヒント

認知症の方によく見られる行動。ご本人にとってはゴミではなく価値あるものだと理解することが大事です。

声かけの例

「わあ、すごい！　いいもの見つけましたね」

（捨てたのが見つかって）

「すみません、勝手に処分してしまって……」

NGな声かけ

●「ゴミを拾ってこないで！」……本人にとっては貴重品なので理解不能

●「捨ててきて！」……一刀両断の否定はＮＧ

解説

認知症の方は、どこからともなくゴミにしか見えないものを拾ってきて、家に置きはじめることがよくあります。これは、ゴミを不要なものと判断できない認知機能の低下や、不安感をぬぐうための行為ではないかと思われます。

認知症の方は、ゴミに価値を見出し、「いずれ役に立つだろう」と持ち帰ってくるのですから、勝手に処分すると不信感につながります。また「捨ててきて！」と言っても無理です。

ゴミに価値を見出していることを理解し、その価値は否定しない接し方を心がけましょう。とはいえ、ゴミが家にたまっていけば生活に支障が出ますし、危険なものや腐敗したものは、処分せざるを得ませんね。

できれば気づかれないようにこっそり、少しずつ処分しましょう。そして、**もし処分したことに気づかれたら「勝手なことをしてごめんなさい」と謝ることです**。

またゴミを拾ってくることから意識をそらせられるよう、玄関掃除やゴミ出しなど、日常的な役割を担ってもらうとよいでしょう。

35 汚れた服を着続けているとき

対応のヒント

無理やり脱がそうとしてもこじれるだけです。強制にならないよう、さりげなく賢い働きかけを！

声かけの例

「今日は暑いですね。上着は脱いだほうがサッパリしますよ」

「今日は孫の○○ちゃんが遊びに来ますよ。さあ、いちばんいいお洋服にお着替えしましょう！」

NGな声かけ

- 「ずっと同じもの着てるなんて汚い！」……「汚い」は否定的
- 「ほら、洗濯するから早く脱いじゃって！」……急かさない

解説

認知症の方がすっかり汚れても、同じ服ばかり着るのはなぜでしょう。単純に着替えが面倒というのもありますが、匂いがよく感じ取れない、気温の変化に鈍感など、認知症が原因の場合も。

夏になっても厚着のままでいたせいで脱水症になったというケースもあり、健康面でも放置するわけにいかない問題です。

しかし、単純に「臭いから着替えようよ」「汚いから洗濯させて」とは言わないでください。**「臭い」「汚い」というマイナスな言葉だけが心に残り、自尊心を傷つけますし、認知症の方の中には「バカにされた」「ひどい」と不信感が募って意固地になる方もいます。**

「誰かが来るから」「外に行くから」など「おめかしのための着替え」という**言葉でワクワク感を与えるほうが、着替える気になってくれるかもしれません。**

声かけで着替えを促すのが難しければ、あくまでさりげなく、衣類を清潔なものに替えましょう。お気に入りの衣類によく似た色・形・素材の服を複数用意し、タイミングを見計らって取り換えてしまうのも一策です。

36 入浴を嫌がるとき

対応のヒント

入浴を嫌う理由ごとに対処法もさまざま。強制すると嫌がられるだけなので、入浴に前向きになるよう工夫をしましょう。

声かけの例

「今日はユズ湯ですよ。ゆったり湯船につかりませんか？」

「脱衣所で待ってますから、何かあったら呼んでくださいね」

「足湯だけでもいかがですか？」

NGな声かけ

- 「不潔だからお風呂に入って」……「不潔」は否定と辱めに
- 「お風呂に入らないとダメ！」……強制は反発を生む

解説

入浴をしたくない理由は何か？　それを探ることから始めましょう。

・外出するわけではないから無用……外出の機会をつくりましょう。デイサービスでもよし、デパートに買い物でもよし。ともかく、少しおしゃれして出かけることを口実に、**「明日はお出かけだから、お風呂に入りましょうね」と誘います。**

・お風呂に入るのが面倒くさい……**「今日はユズ湯ですよ、温泉気分でどうですか？」**など、入浴に前向きになるきっかけと声かけを。

・入浴介助されるのが恥ずかしい……誰しも他人の前で裸になることは恥ずかしいもの。さらに洗ってもらうなど、手を煩わせるのは申し訳ないとひるみます。**「何かあったら言ってくださいね、脱衣所でお待ちしていますから」「お背中お流ししますね。あとはご自分でどうぞ」**など、つかず離れず、手を出しすぎない距離を保ちましょう。

・入浴の手順を忘れてしまった……入浴の手順を書いた紙を、ラミネートフィルム（１００円ショップでも入手可能）などで防水して、浴室に貼ります。文字＋イラストなら、よりわかりやすいですよ。

37 トイレに行けず、うまく使えないとき

対応のヒント

可能な限り長く排泄を自己管理できるよう、声かけや衣類の工夫等、的確なサポートをしましょう。

声かけの例

「ウエストゴムのズボンだから、すぐに下ろせますよ」

「私もトイレに行きたいので、一緒に行きませんか？」

NGな声かけ

- ●「もうおむつにしたほうがいいかしら」……「つくられた障害」を生む
- ●「また失敗したの？」……辱められたと思い、信頼関係が崩れる

解説

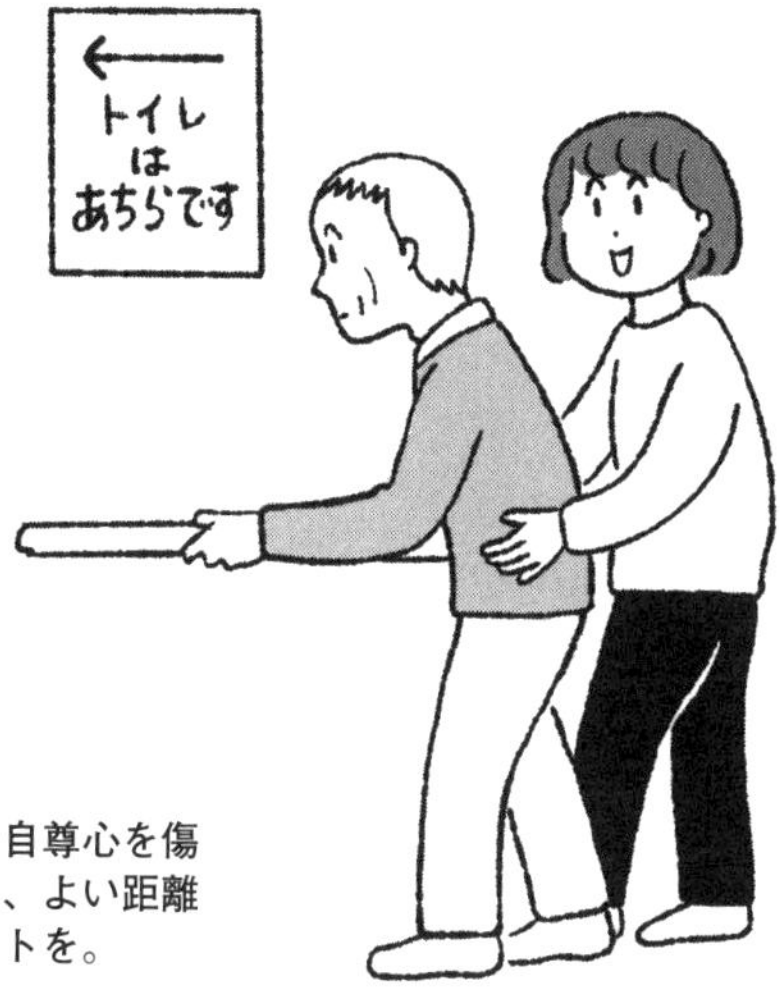

認知症の方の自尊心を傷つけないよう、よい距離感で、サポートを。

失敗するなら「おむつにすればいい」なんて短絡的に考えずに、自らトイレで排泄ができるように上手にサポートしましょう。**自分でできるだけ長く行うことで、認知機能低下を防ぐ効果も期待できます。**

排泄の兆候が見られたら「**一緒にトイレに行きましょう**」と声をかけてトイレへ。「**自分でできるから！**」とトイレの個室に入ったものの、難儀している方には「**大丈夫ですか？　お手伝いさせていただいてもいいですか？**」と、助け船を出して。また、トイレの場所に迷う場合は、家のあちこちに大きく「**トイレはこちら↓**」など張り紙をするのも手。

38 お皿の半分しか食べないとき

対応のヒント

認知症の症状である「空間無視」の可能性があります。食べ残すことを責めるのではなく、皿の向きを変えるなどの働きかけを。

声かけの例

「もしかして、サラダはお嫌いですか？」

「（皿を回して）今度はこっちを召し上がってくださいね」

NGな声かけ

●「ダメじゃない、食べ残し禁止ですよ！」

……責めない

●「お口に合うものをお持ちしましょうか」（※空間無視の場合はNG）

……空間無視とサポートがフィットしていない

解説

認知症の方は脳の機能が低下するため、とても不思議な行動を取られることがあります。その中の一つが、「空間無視」です。

空間無視とは、脳の中である方向からの刺激をキャッチする部分が萎縮するなどして起きる障害。視力の問題ではなく、目では確かに見えているのに、その視覚情報を脳でキャッチできない、つまりないものと同じになるのです。皿の半分だけ食事を残す場合、空間無視によって、食べていない部分の視覚情報が伝わっておらず、ないものになっている可能性があります。

空間無視が疑われる場合には、絵を描いてもらうと一目瞭然です。右半分は描かれないなど、脳がどう視覚情報を受け取っているのかがわかります。絵を描いていただくときには強制せず、あくまで楽しいレクリエーションの一環として行ってください。テストだと思われると、認知症の方のプライドを傷つけてしまいます。

空間無視だとわかれば、皿の半分の食事が終わった段階で、皿を回して認識できるほうに食べ残しを持ってくるなど、的確なサポートができます。

39 食事を食べてくれないとき

対応のヒント

食事ができない理由を探り、問題をきちんと解決しましょう。うまく食事ができるよう、環境を整えるのも大切です。

声かけの例

「お口の中が痛いですか？」
「のみ込みにくいですか？」
「あたたかいうちにどうぞ」

NGな声かけ

●「テレビばっかり見てないで食べてください」……責めると反発される
●「ちゃんと食べないと倒れますよ」……脅さない！

解説

認知症の方の中には、目の前に食事が出されていても手を付けない人もいます。

その原因はさまざまで、一つには歯痛や口内炎などの痛みや、食べ物や飲み物をスムーズにのみ込めなくなる「嚥《えん》下《げ》障害」などの体の不調。ほかにも便秘や腹痛などの体調不良がないか、確認してみてください。

認知症に起因するものとしては、集中力が低下したため、食事の間じっとしていられない。テレビなどほかの刺激に気を取られ、食事を忘れているなども。**食事に集中できるように雑音をなくし、「ここに食事を置きます。あたたかいうちに召し上がってくださいね」「お茶のおかわりをいれましょうね」など、適度に声かけをして食事に集中できるよう働きかけましょう。**

さらには、箸の使い方がわからなくなって、途方に暮れていることも考えられます。向かいの席で箸を使って食べ、さりげなく使い方を見せる。認知症の方の自尊心を傷つけないようスプーンやフォークなどを持ってくるなど、適切に助け船を出してください。

40 車の運転をやめてくれないとき

対応のヒント

運転免許証の返納を納得してくれるのがいちばんですが、事故を未然に防ぐためにも、運転できないよう知恵を絞りましょう。

声かけの例

「買い物なら、私が連れて行くから安心して」

「今まで家族のためにたくさん運転してくれてありがとう」

NGな声かけ

●「もう運転するのは無理。免許を返すしかないんだよ！」

……怒鳴っても話がこじれるだけ

●「誰かにぶつかったらどうするの！」

……運転には自信があると反論される

解説

すでに認知症だと診断されている場合、ご本人や家族が診断書を提出すれば、免許の停止・失効が受けられます。とはいえ、ご本人に内緒で家族がこっそりと失効の手続きをすると、「勝手なことを！」「親を何だと思っているんだ！」とケンカになり、その後の関係がこじれることも……。やはりご本人が納得して、運転免許証の返納をしてもらいたいものです。

まずは正直に、「危ないから運転してほしくない」と伝えること。そして、車がなくなっても日常に支障をきたさないよう、「買い物は、スーパーに週末連れて行くから安心して」「足りないものがあったら、いつでも電話して」など、代替案を。そんな話し合いが難しい場合には、「車の調子が悪いから、修理に出すね」と車を隠す。運転座席側のドアが開かないように、壁にくっつけて駐車するのも効果的です。

「もし事故が起きてしまったら、相手の人だけじゃなく、おじいちゃんの命も危ないんだよ」と、あなたのことが大切だから言っている、というスタンスで話すのも大事です。家族から大事にされている……その事実は、運転免許証を返納した喪失感を埋めるだけの力を持つでしょう。

41 訪問セールスなどにお金を渡したとき

対応のヒント

責めずに、本人を安心させる声かけを。再発防止のためには「一人きり」にさせないのが大切です。

声かけの例

「一人にしてごめんなさい」

「大丈夫ですよ。私がなんとかしますからね」

NGな声かけ

●「なんでお金を渡したの！」

……責めるのはやめましょう

●「どうして知らない人と話したりするの！」

……いちばんの問題は、一人にしていたこと

解説

認知症の方は、人の表情の奥にある悪意を見抜くことはできません。ニコニコ愛想のよい人は「感じがいい人」と思い込んでしまいます。そのうえ、自分の話を親身に聞いてくれると、孤独感が癒えると同時に相手に親愛の情がわき、「この人はいい人！」と信じてしまいますから、悪徳商法のターゲットになるのは当然です。

しかし本当の問題点は、認知症の方が悪いセールスに騙《だま》されてお金を渡し、契約を結ぶこと自体ではありません。そんな悪人と認知症の方が、1対1で話すことになってしまう環境です。

判断能力が低下している認知症の方を、たった一人にするのはあまりにリスキー。悪徳セールスにいいように丸め込まれるだけでなく、火の不始末、水の出しっぱなし、鍵のかけ忘れなども心配です。一人暮らしが難しいのはもちろん、家族と同居であっても一人きりで留守番するのも、無理と考えたほうが安心です。

やりきれない気持ちもわかりますが、本人を責めるのではなく、安心感を与える言葉がけで関係を強くし、再発防止につなげましょう。

42 万引きをしようとしたとき

対応のヒント

悪いことと理解して、万引きするわけではありません。善悪の判断がついていないのだから、責めずに未然に防ぐための声かけを。

声かけの例

「これが気に入りました？　ではお支払いしましょうね」
「お買い物なら一緒に行きましょう」

NGな声かけ

●「何やってんの！　ダメでしょ」……責めても直らない
●「それは万引きですよ」……判断能力の低下で、意味がわからない

解説

「お支払いしましょうね」と声をかけるときは、あくまでやさしく丁寧に。

万引きなど反社会的行動は、前頭側頭型認知症の特徴的症状ですが、アルツハイマー型認知症にも見られます。前頭側頭型認知症は、行動の善し悪しが判断できないため勝手に商品を持ってきますが、アルツハイマー型の場合は、記憶障害で支払いを忘れてしまうケースが多いようです。

この場合「悪いことだからやめて」では改善できません。**買い物に付き添い、何か持って行きそうになったら「これにしますか？　お支払いしましょう」と、さりげなく引き取って、未然に防ぎましょう**。また、お店に事情を説明し、前払いか後払いをするのも策の一つです。

43

排泄を失敗したとき

対応のヒント

「失禁は恥ずかしいこと」というマイナス思考を、介護者の接し方でいかに和らげてあげられるかが最大のポイントです。

声かけの例

「大丈夫ですよ。すぐにきれいにしますからね」
「気にしないで。誰にでもあることなんですから」
「すっきりしましたね。便秘気味だったから出てよかった！」

NGな声かけ

●「何やってんの！」……人格否定はしない
●「やだ、汚い！」……恥ずかしさが増す

解説

認知症の方の失禁は症状の一つです……というのは簡単ですが、認知症の方の身になって考えると、受け入れがたくつらい現実です。認知症中期までの場合、失禁した自分にショックを受け、涙が止まらなくなってしまう方もいらっしゃいます。

男性なら前立腺肥大、女性は腹圧による失禁など、加齢による失禁と異なり、認知症の方はトイレの場所がわからない、ズボンのチャックを下ろすことができなかったなど、認知機能の障害が引き金となった失禁です。

恥ずかしさ・情けなさは、深い心の傷になります。ましてや、わざとしたわけではない失禁を「汚い」「何やってんの!」などと責め立てられては、身の置き所がなくなり、生きる意味を見失いかねません。

「大丈夫ですよ」「誰にでもあることですから」「気にしないでくださいね」などのフォローの言葉や、「すっきりしましたね」「便秘だったから出て安心しました」などポジティブな表現を。また、トイレまでの案内を大きく表示する、脱ぎ着しやすい服にする、定期的にトイレに誘うなど、失禁しにくくなる工夫をしましょう。

44 失禁して汚れた衣類を隠していたとき

対応のヒント

認知症の方の羞恥心や、介護者に迷惑をかけたくない心配りを尊重して、「やさしく&平常心」を心がけましょう。

声かけの例

「大丈夫ですよ。誰にでもあることですからね」
「汚れた下着は洗濯かごに入れてくださいね」

NGな声かけ

●「汚い！　なんで隠すんですか！」……非難・否定は禁止
●「またおもらしですか……」……辱めは尊厳を傷つける

解説

できるだけ自然に声かけをして、素早く衣類を洗濯できるとベスト。

認知症の方が汚れた下着を隠すのは、よくあること。もし、私たちが排泄の失敗で下着を汚したら、「わ、しまった！」と身をすくめて、誰にも知られたくないと思うでしょう。認知症の方も同じです。

排泄の失敗で自尊心が傷つくと同時に、「事実を認めたくない」「誰かに見つかったら恥ずかしい」。でも、認知機能の低下のため、自分で洗濯することができない、だから隠す、という流れです。

責めたり大げさに騒いだりせず、声かけ例にあるような言葉をかけて安心させましょう。その後のスムーズな介護にもつながります。

45 同じものを買ってくるとき

対応のヒント

無意識の行動なので、問答無用で止めても改善しません。上手に気持ちをそらせるような言葉かけを。

声かけの例

「今日はこっちのほうが安いんですって」

「こっちも試してみませんか？」

NGな声かけ

- 「どうするの、こんなに買って！」……なぜ怒られているかわからない
- 「もう買い物禁止です！」……できていることを取り上げない

解説

認知症の方が、何度も繰り返し同じことを行うことを、「常同行動」と呼びます。同じものを買ってくるほか、同じところをぐるぐる回って帰ってくる、足をバタつかせることもあります。

いずれも、全く無意識な行動なので本人がコントロールできるわけではなく、止めようとするとパニックになるので要注意です。

常同行動には、できるだけ寄り添って理解するのが大切です……とは言っても、同じものばかり買ってこられると、消費しきれず大変ですね。買い物に行く際には、認知症の方を一人にせず、必ず同行してください。

その際も**無理やり行動制限せず、できるだけ認知症の方に寄り添うことが大事。**

同じ品物を買う場合には、別の商品をアピールしてみましょう。「今日はこちらのほうが安いですよ」「たまには、こっちのメーカーのものを試してみませんか？」など。さらに、「私はこっちもいいと思うんですが、どうですか？」など会話して、一つに気持ちが集中しないよう誘導を。

46 徘徊するとき

対応のヒント

ともかく一人にしないことが大事です。一緒に歩き、ある程度満足したら帰宅を促してみましょう。

声かけの例

「一緒に行ってもいいですか？」

「かなり歩いたから、のどが渇いたでしょう。うちに帰ってお茶でも飲みませんか？」

NGな声かけ

- 「どこに行く気？　戻ってください」……命令には従わない
- 「勝手にうろうろしないで！」……叱責は意味なし

解説

徘徊は、認知症の方によく見られる行動ですが、ただ歩きたいだけでなく、必ず目的があって歩き回っています。その目的がわかり、適切な対処をすれば、徘徊しなくなることもあります。

たとえば、夜間巡回をずっとしてきた元警備員の入院患者さん。今も現役のつもりで夜、病院中を歩き回っていたのですが、「こちらの見回りは自分がしておきますから、どうぞ休憩してください」と言ったら部屋に戻ってもらえたこともあるのです。

とはいえ、目的を理解するのには時間がかかりますから、今すぐに徘徊をやめてもらうためには、こんな声かけがよいでしょう。

- **「ご一緒してもいいですか?」**……一緒に歩き回りながら、天気や季節、食事などたわいない話をしているうちに、気が静まる。
- **「歩いたからのどが渇いたでしょう?　うちでお茶にしましょうか?」**……気が静まったタイミングを見計らって伝えます。無理やり家に連れ戻しても反発心を生むだけなので、あくまでも自分から戻る気持ちになってもらうことがポイントです。

47 幻覚におびえているとき

対応のヒント

ご本人には「実際に見えていて、聞こえています」。本当に怖くつらいのだから、決して否定しないでください。

声かけの例

「それは怖いですね」

「大丈夫です。私がいます」

「私が追っ払いますよ」

NGな声かけ

- 「何もないじゃない」……否定はダメ
- 「変なの(笑)」……嘲笑などもってのほか
- 「いい加減にして!」……叱責しても解決しない

解説

実際に存在しないものが見える幻視、音はしていないのに何かが聞こえる幻聴。「何をバカな」と、即座に否定してはいけません。

認知症の方には見えているし、聞こえているのが「リアル」なのですから、「いない」「聞こえるわけない」と言われるのは、自分が見聞きしているリアルを否定されるということです。「え？ ほかの人には見えないの？」「あんなにはっきり聞こえるのに、なぜわかってくれない？」と、不安が増して混乱してしまいます。**否定すればするほど、どんどん症状がひどくなり、まさに悪化の一途をたどります**。

「虫がいる」と言われるのなら、**「私が追い払うから大丈夫ですよ」**と、手で追い払うしぐさをする。「まだいる！」と落ち着かないなら、「どこですか？ こっちかな？」と、探すそぶりをする。**「私がいるから大丈夫ですよ」とやさしく手を握ったり、背中をさすったりするのも効果的**。また、夜、窓に映った自分の顔を見て不審者と思い、おびえるようなら、日が暮れたらすぐにカーテンを閉めるなど、原因にすぐに対処しましょう。

48 急に泣きながら叫びだしたとき

対応のヒント

感情があふれだす「感情失禁」は、「原因を探って対処する&共感し、孤独感や不安感を癒すこと」が大切です。

声かけの例

「どうしましたか？　お布団が暑かったですか？」

「私がついていますよ。お茶を飲みながら、ゆっくりお話ししませんか」

NGな声かけ

- 「うるさい、静かにして！」……叱責しても効果なし
- 「夜中にご近所迷惑でしょ！」……社会通念で説得はできない

解説

突然、叫んだり泣きじゃくったり、ときには暴言を吐いたり、「死にたい」と涙したり。このように、**感情が火山の噴火のように爆発する症状を、「感情失禁」と言います**。介護者からすると「なぜこんな夜中に？」「さっきまでご機嫌だったのに」などとまどうでしょう。

原因はさまざまで、数日前の出来事を思い出した、環境が変化した、寝具やエアコンの風が不快、頭痛や腹痛などの体調不良が考えられます。その原因にアプローチできれば、沈静化する場合もあります。

「頭が痛いの？」「お布団が暑いですか？」など、原因を探ると同時に、**「大丈夫ですよ、私がついていますからね」と、不安感をぬぐい、安心させてあげるのが何よりも大切です**。「お茶でも飲みながらお話ししませんか？」と、孤独感を癒すと落ち着くこともあるでしょう。

「もう夜中なのに何を考えているんだ！」「いい加減に静かにして！」と諫《いさ》め、叱責しても逆効果。認知症の方は「この人は私のつらさを何にもわかってくれない」とがっかりし、余計に不安感が増してしまい、感情失禁を抑える効果は見込めません。

49 食べ物でないものを食べてしまうとき

対応のヒント

無理やり口に手を突っ込むと、逆にのみ込むこともあります。自分から吐き出すように誘導しましょう。

声かけの例

「お茶をいれましょうね」（と言って、これ以上食べないように片付ける）

「それ、傷んでいるみたいだから、お口から出してくださいね。こちらのお菓子をどうぞ」

NGな声かけ

●「なんでそんなもの食べてるの！」……症状だと理解して対応を

●「食べちゃダメ！」……食事を与えられないと感じ、被害妄想に

解説

食べられないものを口に入れる**「異食」は、土、洗剤、電池、おむつ、自らの便まで、のみ込めるものなら、なんでも口にする症状です**。

認知症の中期以降によく見られ、食べ物かどうかの判断がつかなくなる認知機能低下によるものや、不安やストレス、体調不良からも起こります。

食品であっても、しょうゆを一気飲みするなど、大量摂取が危険な食品・調味料もあるので要注意です。

何よりも、**異食をさせない予防策が肝心**。認知症の方の行動範囲に、「食べられたら困るもの」は置かず、引き出しや押し入れに隠してしまいましょう。また、空腹のときに症状が出やすいため、適度な間食を設けるのも効果的です。

すでに口の中に入っているものを出すときは、無理やり手を突っ込んではいけません。ケンカになるのはもちろん、手を噛まれて介護者がケガをしますし、かえってのどの奥に異物を押し込むことにもなりかねないからです。**「それは傷んでいるから」「もっとおいしいものがあるから」など、自分で口から出すように声かけをしてください**。

50 性的な言動をしてくるとき

対応のヒント

笑ってごまかすと、余計にエスカレートすることもあります。やさしく、でもはっきりと「ノー」を伝えましょう。

声かけの例

「ダメですよ、触らないでください」（と、手を移動させる）

「いけません（と、手を払い）、時代劇が始まるからテレビつけましょうね」

NGな声かけ

●「そんなことするなら、もう面倒見ませんよ！」……拒絶

●「……（行為を無視して、無反応・無言）」……無関心という拒絶

解説

認知症の方が性的な行動をしようとする場合、原因に考えられることはまず、介護者の注意を引きたいとき。**寂しくてかまってほしい気持ちが、お尻や胸を触るなど、介護者へのセクハラ行為となるのです。**

そのほか、自分が高齢になってからの記憶が消え、若い頃の気持ちに戻ってしまい、性的関心が高まることもあります。認知機能が低下したことで、「そんなことしちゃダメだ」「変な人と思われる」、そんなストッパーがきかなくなるわけです。

認知症の方相手でも、介護者の不快感はきちんと伝えましょう。「ダメですよ。そういうことはやめてください」とはっきり言ってください。

そして、テレビをつけたり音楽を流したりして意識をそらせる、ちょっと離席するなど、セクハラ行為からの場面転換を試みます。また、二人きりになるとセクハラ行為に及ぶ場合には、二人以上で介護できるよう体制を検討しましょう。

一人で我慢するのは、絶対ＮＧ。ほかの家族やデイサービスのスタッフさんに相談するなど、認知症の症状を共有するためにもオープンにしてください。

音楽療法は一石二鳥！ 認知症によし＆誤嚥性肺炎防止にもよし！

音楽療法は、さまざまな専門施設でも行われている認知症のリハビリ法です。**音楽を聴くだけの「受動的音楽療法」と、自ら歌ったり、楽器を演奏したりする「能動的音楽療法」があります**。

音楽の持つパワーは、医学的に証明されています。歌うと脳の血量が増し、その結果、脳のエネルギー源となる「糖」が脳に届く量も増加。たくさんのエネルギーが脳に届くことによって、脳がより活性化するというわけです。

また、歌うことで、口の周囲の筋肉を鍛えられ、舌を動かすこともできるので、高齢者によくみられる**誤嚥性肺炎の防止にもなります**。難しく考えず、認知症の方のお好みの音楽を流したり、歌ってもらうところから始めてみましょう。

第4章

介護が「100倍ラクになる」気持ちの持ち方教えます

介護中にどうしても、イライラしてしまったら

●介護者の心情は、介護が長くなるほどラクになる

認知症は発症期→初期→中期→末期と悪化します（⬇40ページ参照）。発症からときを経るごとに悪化してしまうわけですが、その間に、介護者の心理状態も徐々に変化していきます。

介護者の変化は、4つのステップをたどります。

まず、第1のステップは、発症がわかった段階の発症期。

介護者の心は「認めたくない」「まさかそんなはずはない」「すぐに治るに違いない」「ほかの病気の影響だ」など、とまどいと否定でいっぱいになります。

そうしているうち、症状が顕著になってくる認知症初期になると、認知症の方の言動に混乱し、「どうしたらうまく介護できるのか？」「なんでうまく対応できないのか」「どうしてこんなことになったのだ！」と、怒りや混乱の気持ちと、介護生活への覚悟が入り混じった状態に。これが第2ステップです。

さらに時間が経過すると、第3ステップに入ります。認知症の方と過ごす日常に慣れてきて、多少は余裕も生まれます。

「どうしてこんなことに！」から、「はい、そうきましたか」と割り切れると、心情的にはラクになるでしょう。

それに対して認知症の方の症状は、日々悪化していきます。これまでの経験則では対応できないケースも頻発。**介護者の心情は、「仕方ない」と割り切った気持ちから、「わかる、わかる」「そうだね、しんどいね」などと、認知症の方の存在や言動を自然に受け入れられるところまで達します。**

ここまでくると、第4ステップに突入です。認知症の方の喜怒哀楽に共感でき、無用な焦りや嘆きはなく、完全に認知症の方を受け入れられるようになるのです。

●「介護のための3つの心構え」を実行し、イライラから脱却！

先に説明した4つのステップでもおわかりのように、介護者は誰でも最初はイライラし、とまどい、不安を隠し切れないのです。**この段階をいかに乗り切るかが、認知症介護のポイント**。

ぜひ早いうちに、介護するにあたっての意識改革を、家族の間で共有してください。名付けて、「介護の心構え3カ条」です。

第1条 「がんばりすぎない」

介護は長く、終わりが見えないマラソンのようなもの。心身のスタミナ不足は致命的です。回避するためには、上手に手を抜くことも大切。**がんばるばかりがよいことではないのです**。

お風呂を嫌がって手に負えないなら、「垢で窒息はしない」と割り切って、その日の入浴はパスしましょう。もし何日も入らない日が続くようなら、入浴介助をプロに依頼する。自分の声かけでは、うんともすんとも返答しないなら、ほかの家族に声をかけてもらいます。場所を変えて、銭湯に誘うのも一法です。

ともかく、**「自分で何とかしなくちゃ」「私が責任者！」なんて気負うことはありません。総力戦、しかも休み休みでいいのです。**

第2条「想像する」

認知症の方は、急に子ども時代に戻って語りはじめたり、働き盛りの頃のエピソードを延々話したりします。

「ああ、おじいちゃんは今、田舎の野山を駆け回っていた小学生時代にいるんだな」「お母さんは、中学校で先生をしていた１９９０年代にタイムトリップ中か」。**想像力は、認知症の方の世界の案内人となり、むやみに振り回されず、的確な介護ができるよう導いてくれます。**

介護者は、その時代・その舞台に立ち、小学校の同級生や教師仲間となって、相手役を演じてください。

「そうそう、あのときは大変でしたよね」と、見てきたような嘘は、許されるやさしい嘘。罪悪感を感じる必要はありません。認知症の方が楽しく、生き生きとした時間を過ごせれば、困った行動は軽減され、介護もラクになります。

第3条「比較しない」

子育てと同じく、認知症の方の症状の現れ方や重篤度は、個人個人で異なります。しかし、それは「成績」ではないのです。他者と比較して一喜一憂するものではないし、合格ラインもありません。

人は人、うちはうち。「うち」にとっての幸せな介護って何？　認知症のおじいちゃん、おばあちゃんがニコニコ過ごせるために大切なことって何？　その追求こそが必要です。

一人で抱え込み、完璧を目指してイライラ。「意味わかんない」と、認知症の方の心を想像しないでイライラ。ほかの認知症の方や家族のありようや、介護の方法を比較してイライラ……。

イライラ＝ストレスは万病のもと。認知症の方の健康と同様に、介護者の心身の健康も大切です。「介護者自身を大切にする介護」は、3つの心構えを実行することで、おのずと可能になるでしょう。

前向きに介護現場から離れていいんです

●介護者あってこその、介護

ここまで、「介護者の心理の変化」や「介護の心構え」をお話ししましたが、日々の介護に疲れ果てて、心ここにあらずという介護者の方もおられるでしょう。

だからこそ私は、何度も声を大にして訴えるのです。

「一人で抱え込んだらダメですよ。ほかの家族や親族に現状を説明して、協力体制を組んでもらってくださいね」と。

それでもまだ「うちの亭主は仕事、仕事で、話す時間なんてないから」と、うつろな目……。実際に、家族が非協力的で理解がないことで、心を病む介護者は少なくありません。また、介護者が独身の一人っ子の場合、相談する家族や親族がいないこともあるでしょう。

何度も言っているように、介護者が健康であるからこそ、認知症の方の介護ができるのです。介護者のイライラと疲労が限界に達し、倒れてしまったら、まさしく共倒れになってしまいます。

いっぱいいっぱいになってしまう前に、しっかりSOSを出しましょう。

「無理！」と感じることが増えてきたら、ほかの家族や親族、専門の介護施設やサービスを利用して、いったん介護の現場から離れてください。

諸事情で、自宅で認知症の方をみるしかない場合は、家族の協力が得られればいちばんですが、難しいならば介護ヘルパーさんの力を借りましょう。週に１～２日、数時間でも、介護しなくていい時間ができれば、心身ともにリフレッシュできます。

費用面も含めて相談できる地域包括支援センターや、悩みを共有できる家族会（認知症の人と家族の会など）に相談し、利用できるサービスや料金を早めに確認しておくと安心です。

また、かかりつけ医に進行状況の説明を受けたり、専門のスタッフから介護体制を含め的確なアドバイスをもらうことで、介護の袋小路から抜け出すきっかけをつかむこともできます。

クローズドにせずオープンに。そして、**たった一人で100%の介護を目指す必要はなく、プロの手を借りて、「全部合わせて100%」になるべく努力するのが正解なのです。**

「毎日笑う時間」をお互いが持てるように

●笑顔になることで得られることは、こんなにもある！

気持ちをラクにするためにおすすめしたいのが、「毎日、認知症の方と笑って過ごしましょう」ということです。

実はこれ、認知症の方の立派なリハビリにもなります。

「日常生活で声を出して笑う頻度はどのくらいですか？」と高齢者にアンケート調査したところ、「ほぼ毎日」と答えた方は男性38％・女性49％、「ほとんどない」は男性10％、女性5％でした。

さらに、「ほとんど笑わない人の現在の健康状態」を調査したところ、「あまりよくない・よくない」が、「ほぼ毎日笑う人」に比べて男性１・54倍、女性１・78倍という結果が出たのです。

さまざまな研究から、この健康状態の自己評価が低い人は、寝たきりになる割合や、死亡率が高い傾向にあることがわかっています。また、笑いによる脳の活性化の研究も進んでおり、**医学的にも笑いの効能は折り紙つき**。

子どもは１日４００回笑うと言います。大人はぐんと減って13回ほど。子どものように、無邪気に心から笑えば「笑門来福（笑う門には福来る）」です。

介護をしていると、本当にいろんなことがあると思います。でも、だからこそ、ぜひ認知症の方とともに、大きな口を開けて、心の底から「わっはっは！」を、新たな健康習慣にしてほしいのです。

笑いのタネは気をつけて見ると、日常生活のいろんなところに落ちています。そのタネを逃さず拾い、声を出して笑ってみる。

気持ちが張りつめていたり、疲れているときは難しいこともあるかもしれません。笑うどころではない日もあるでしょう。ただ、そんなときこそ笑顔になり、少しでもラクな気持ちになってほしいと、思っています。

認知症は神様からのプレゼント……？

人生の最期に幸せな記憶と生きるために

私が講演などでよくお伝えする言葉に「認知症は神様からのプレゼント」というものがあります。

今、介護をされている方からすると、信じられないセリフかもしれません。

しかし、長年認知症の方を診てきたうえで、心からそう思います。

認知症による記憶障害では、「死や病気への恐怖」や「今のつらいこと」も忘れてしまいます。

頭の中に残るのは、過去の輝いていた記憶や自分が最も幸せを感じていた

日々なのです。

もちろん、困った行動に振り回されてしまう状態であれば、周囲も本人も苦しいでしょう。でも、**周囲の働きかけによって、そのような行動が減った状態であれば、そして、もし困った行動が起きたとしても、介護者がそれに対して適切な対応をとることができ、認知症の方の心が落ち着きを取り戻していれば、認知症の方は最も幸せだった時間を穏やかに生きていくことができるのです。**

人生生きていると、どうしてもつらいことや嫌なことが起きます。人生の最期に、そのつらさから逃れられるという意味で、私は「認知症は神様からのプレゼントでもある」と、お話ししているのです。

介護者がゆとりを感じられる社会を

ただ、日本ではまだサービスや利用できる制度が十分でなく、この「見方を変えれば幸せともいえる時期」を、介護者がゆとりを持って見守ることができないのが現状です。

身近にいる介護者だけが苦労を抱えるのではなく、社会全体で認知症の方を介護できるような体制が整っていけば、「神様からのプレゼントだね」と、介護をされている方にも思っていただけるときもくるのではと感じています。

少し見方を変えると、物事がラクになることもあります。そんな思いで、最後にこのお話をさせていただきました。

状況が許さないこともあると思います。理想論だと言われてしまうかもしれません。**それでも、介護者ががんばりすぎず、抱え込みすぎず、介護に向き合ってほしいと、心から思っています。**

おわりに

ここまでお読みいただき、ありがとうございました。最後に、認知症の方への話し方と同じくらい、皆さまに大事にしていただきたいことがあります。

「100％のフルパワーで介護をしないでください。ぜひ『70％介護』を心がけてください」。

私は長年、認知症介護の現場にいる中で、疲労困憊し、生気を失っていく介護者をたくさん見てきました。親類縁者が多数いるにもかかわらず、たった一人で介護していた「跡取り長男の嫁」の方。親の面倒を見るのが親孝行と信じ、仕事を辞めて介護に専念していた「独身の一人娘」さん……。そんな方々に、私は同じ言葉をかけてきました。

「介護者は、認知症の方の〝鏡〟」「あなたが笑顔でなければ、認知症の方も笑顔にはなれないんですよ」「上手に息抜きしましょうね」。

そのためには、適度にデイサービスやショートステイ等を利用することです。

一時、認知症の方と介護者が離れて過ごす時間を設ければ、介護者に身体的・精神的余裕が生まれます。

すると家庭の介護での、叱責やいら立ちの怒号は自然に減り、認知症にアプローチできる的確な言葉かけができるようになるでしょう。

実際に私がアドバイスして、家庭介護一辺倒から外部サービスを利用するようになった介護者から、こんなうれしい報告を受けました。

「デイサービスで余裕ができたから、家でもおばあちゃんを否定せずに、やさしい声をかけられるようになったんです。物忘れは相変わらずですけど、悩まされ続けた被害妄想や幻覚が激減して、すごく介護がラクになりました」

一人で抱え込まないでください。

介護者のあなたにも、ご自身の大切な人生があります。介護者が上手に息抜きし、上手に話しかけることで、認知症の方との暮らしに笑顔が満ちることを祈ってやみません。

本文デザイン・DTP…黒田志麻
編集協力…河村ゆかり
カバー・本文イラスト…ササキサキコ

著者紹介

吉田勝明
1956年福岡県生まれ。医学博士。日本老年精神医学会専門医、精神科専門医。金沢医科大学医学部、東京医科大学大学院卒業。福島県会田病院などで勤務後、横浜相原病院を開設し院長を務める。2021年に横浜鶴見リハビリテーション病院長に就任。現在、神奈川県病院協会会長も務める。30年間、認知症患者とその家族に向き合い続けた経験から、介護者の話し方一つで認知症の進行に違いがあることに着目。進行を抑えるための会話術をまとめたのが本書である。著書に『「こころ」の名医が教える 認知症は接し方で100%変わる！』（IDP出版）などがある。

認知症《にんちしょう》が進《すす》まない話《はな》し方《かた》があった

2021年9月5日　第1刷
2023年5月25日　第14刷

著　者　吉《よし》田《だ》勝《かつ》明《あき》
発行者　小澤源太郎

責任編集　株式会社 プライム涌光
電話　編集部　03(3203)2850

発行所　株式会社 青春出版社
東京都新宿区若松町12番1号 〒162-0056
振替番号　00190-7-98602
電話　営業部　03(3207)1916

印刷　共同印刷　　製本　大口製本

万一、落丁、乱丁がありました節は、お取りかえします。

ISBN978-4-413-23219-7 C0047